満州事変

戦争と外交と

臼井勝美

講談社学術文庫

目次

中国東北地方（1931年）

満州事変

戦争と外交と

I　緊迫する中国東北地方

プロローグ——共産軍の長沙占領

　蔣介石《しょうかいせき》の北伐が一応成功し、一九二八年（昭和三年）、形式的には国民政府による中国の統一が達成されたのであるが、実際上は、諸軍閥が各地に武力を保持して割拠し、それぞれ地方財政をほしいままにして半独立的状態を続けており、これら軍閥の離合集散をめぐって中国各地には内戦がたえず展開されていた。

　一九三〇年（昭和五年）春、山西《さんせい》を地盤としている閻錫山《えんしやくざん》は、馮玉祥《ひょうぎょくしょう》（河南《かなん》、山東《さんとう》、陝西《せんせい》）、李宗仁《りそうじん》（広西《こうせい》）と連携して蔣介石の辞職を要求し、反政府軍事行動を開始した。北方からは、閻、馮統率の軍隊が、平漢《へいかん》（北平《ほくへい》—漢口《かんこう》）、津浦《しんぽ》（天津《てんしん》—浦口《ほこう》）両線を南下し、南方では李宗仁が広西から湖南に進出し、中央を挟撃しようとした。

　南方からの攻撃は間もなく鎮圧されたが、馮玉祥軍と政府軍は河南省南部、安徽《あんき》省北部で死闘を続け、閻錫山軍も六月末済南《さいなん》を攻略して、泰安《たいあん》、曲阜《きょくふ》（山東省中部）のあいだで政府軍と激突し、民国成立以来最大の規模といわれる内戦となった。このような内戦の展開は、揚子江《ようすこう》流域および華南における共産党の活躍に好機を与えた。五月末、ジョンソン（N. T. Johnson）米公使は、国民政府にとって、北方軍閥の反政府行動とともに南方における土匪《どひ》や共産分子の活動が憂慮すべきものになっていることを、次のように指摘した。

すなわち、江西省や湖北省では非常に多くの地域が共産分子に占領されており、要衝漢口すら共産軍からの防禦がまったく安全だとはいえない、これらの地方の行政責任者はすでに逃亡し、富裕な階級は多く開港場に避難した、共産分子の活動によってもたらされた経済的混乱は、揚子江流域における米の欠乏、銀価の前例ない凋落による市場の攪乱によってさらに悪化している、というのがジョンソンの観察であった。

中国共産党を指導していたのは李立三《りりつさん》であるが、李は、都市を中心とした武装暴動によって一挙に革命を勝利に導こうとして、約七万の共産軍を動員、長沙《ちょうさ》、南昌《なんしょう》、武漢《ぶかん》、九江《きゅうこう》など要衝都市を占領し、また上海、南京、天津、ハルビンなどの大都市で総罷工（ゼネスト）を敢行しようと計画した。

馮玉祥と蔣介石のあいだに展開された内戦は、李立三の計画した都市に対する攻撃に、もっとも有利な情勢をもたらした。湖南省政府主席の何鍵《かけん》がその軍隊の一部を前線に派遣し、湖南の要衝長沙の防備が弱体化したことを共産党は見逃さなかった。

党中央からの指示により、朱徳《しゅとく》、毛沢東軍は南昌、九江、武漢方面へ、彭徳懐《ほうとくかい》軍は長沙、武漢へと、それぞれ進撃を始め、七月末、朱、毛軍は南昌付近に、彭軍は長沙近郊にまで迫った。

七月二十六日夜、何鍵は秘書の楊宣誠を坂根（準三）漢口総領事のもとに派遣し、共産軍が万一長沙を占領するときは、長沙に碇泊《ていはく》している外国軍艦は発砲して共産軍を攻撃するよう要請し、この措置が爾後外交問題を惹き起こさないことは何鍵が保証すると申し入れた。坂根総領事は、共産軍への軍事行動実施の権限は艦長にあり、艦長はおそらく危害が加えられないかぎり積極的に発砲することはないであろう、と回答した。湖南省政府の援助要請は、翌日朝、イギリス領事に対しても行なわれた模様であった。長沙には日本軍艦二見《ふたみ》が碇泊していたが、情勢が逼迫したので、沙市から熱海《あたみ》、漢口から小鷹《こたか》の二艦が急派され、二十九日到着した。彭徳懐軍は、二十六日夜、長沙北東一八キロに迫り、何鍵軍の防衛線は崩れ、翌二十七日から市街戦が開始されるにいたった。

長沙在留の一一五名の日本人は二十七日夜十一時五十分までに中の島に収容され、その大部分九一名（婦女子全部七三、男子一八）が沅江丸《げんこうまる》で漢口に引き揚げた（三十一日漢口到着）。

彭徳懐軍は二十七日夜から市内に進入を始め、二十八日正午までには約一万が入城した。長沙市内には処々に火災が起こり、掠奪などで市中は混乱状態におちいった。翌二十九日にかけて、省政府や国民党党部の建物、イギリス、アメリカ系の教会などが焼き払われ、日本領事館、館員宿舎をはじめ、一般日本商店も焼き毀された。

軍艦二見、小鷹は、三十一日朝、長沙の日本領事館前に投錨した。同日午前、上江中のアメリカの軍艦パロスが長沙上流で共産軍の猛射を受け、これに反撃したのをはじめ、夕刻には小鷹、二見も共産軍と交戦、おりから上江中のイタリーの軍艦カラッツも反撃し、列国軍艦と共産軍は一斉に砲火を交えるにいたった。米艦パロスは砲弾六〇発を発射したが、同艦にも機銃弾数十発が命中し、重傷一、軽傷一〇を出した。

八月一日、東京駐在の汪《おう》（栄宝《えいほう》）中国公使は幣原《しではら》（喜重郎《きじゅうろう》）外相を訪れ、長沙の日本領事館が焼き毀されたことに遺憾の意を表し、責任は国民政府がとることを辞さないと言明した。汪は、日本政府の一部に南北双方に停戦勧告をするという意見があると聞くが、現在反政府軍は多大の損害を受け、軍費も窮迫し、時局は国民政府に有利に展開しつつあるので、しばらく形勢を観望するよう幣原に要請した。幣原外相は、共産軍鎮圧に成算ありといわれるが、どのような手段をとるか、と質問したが、汪公使は回答し得なかった。そこで幣原外相は、二千余名の日本人が居留している漢口が長沙方面よりのみならず西北方面からも共産軍の脅威を受けているので、同地に軍艦を派遣するが、「右は正規軍を相手とするものに非ざるは勿論、所謂人道上共同の敵たる匪賊に対する予防の為なるにつき、誤解無きを希望す」と述べ、漢口への軍艦増派について国民政府の諒解を求めた。幣原は共産軍を「人道上の共同の敵たる匪賊」と表現した。汪公使は、日本の軍艦派遣は結局政府軍の手薄を補充して地方の公安維持に貢献することになるので、反対する理由はない、と回答した。

揚子江の警備に当たっている日本の第一遣外艦隊は、巡洋艦一隻、砲艦一一隻、駆逐艦、河用小砲艦各一隻から構成されていた。ほかに上海に特別陸戦隊八〇〇名をもっているが、うち一三四名が八月一日漢口に分遣された。さらに第二十四駆逐隊（樫《かし》、桃《もも》、柳《やなぎ》、檜《ひのき》）が第一遣外艦隊に編入され、八月五日、佐世保発上海に向かった。八月四日現在、各艦の配置は、上海（嵯峨《さが》、鳥羽《とば》）、南京（勢多《せた》）、九江（隅田《すみだ》）、漢口（旗艦安宅《あたか》、平戸《ひらと》、堅田《かたた》、熱海、浦風《うらかぜ》）、長沙（二見、小鷹）、宜昌（比良《ひら》）である。

長沙奪回を企図した何鍵軍は、八月二日、長沙対岸に続々集結し、その先頭部隊は夕刻より中の島へ渡りはじめた。中国軍艦勇勝、威寧の二艦も日本領事館上流に遡航してきて、何鍵軍の渡河を掩護《えんご》し砲撃を開始した。何鍵軍の総勢は約七万と称せられ、三日より長沙総攻撃を開始した。同日何鍵軍の参謀は、碇泊中の各国軍艦の艦長を訪問して、「何鍵軍は同日紡績工場上手より強行渡河を決行すべきにつき、世界の公敵たる共匪駆逐に何分の御援助を乞ふ」と依頼した。共産軍はすでに撤退しつつあり、何鍵軍は、五日、長沙奪回に成功した。共産軍の長沙占領は約十日間で終わったが、この間、三日朝、小鷹はふたたび共産軍と交戦した。六日午後、二見艦長は領事とともに入城早々の何鍵主席を訪問したが、何鍵は、今回の事変は恐縮にたえずと述べ、今後治安維持と外国人保護に全力をつくし、世界人類の公敵たる共匪の撲滅を期す、と言明した。

長沙とならんで漢口も共産軍の脅威にさらされていた。坂根総領事は、共産軍は結局土匪の比較的大きな集団にすぎず、守備の薄弱な地点を襲い、空巣狙い式にその勢力をほしいままにしているのであって、一時的には揚子江流域の他の地点に進出することはあっても、漢口のように警備が充実したところでは、長沙の二の舞を演ずるおそれは万々ないと判断していた（八月九日付）。それでも漢口では、八月十四日から十六日までの三日間、共産暴動が起こるとの揚言がさかんで、人心は不安をきわめた。厳重な戒厳が布かれ、街々では通行人の一斉検査が行なわれた。中国人街の大小各旅館、飲食店はきびしい捜索を受け、夜間は軍艦が探照灯で市中を照明するなど、ものものしい警戒ぶりであった。武漢方面の緊張は九月中旬まで続いたが、共産軍は武漢攻略はいたずらに犠牲のみ多い結果に終わると判断して、攻撃を中止した。

しかし米内《よない》（光政《みつまさ》）第一遣外艦隊司令官が内話として坂根総領事に語ったところによれば、日英両司令官は、万一共産軍が武昌側より渡河を企てた場合には、共産軍に対し砲撃を加えることに意見が一致していた。もし共産軍が漢口への渡河攻撃を決行すれば、日英両国海軍は軍事干渉を実施し、事態の重大な展開が予想されたのである。

幣原外相は、武漢地方をはじめ各地の共産党の積極的な運動に深い関心を示し、桑島《くわしま》（主計《かずえ》）参事官、好富《よしとみ》（正臣《まさおみ》）書記官の二人を、この年（一九三〇年）八月から十月にかけて南京、九江、漢口、長沙、福州《ふくしゅう》、廈門《アモイ》、広東《カントン》等に派遣し、「共匪」の実況調査を行なわせた。桑島参事官らが十一月外相に報告した調査の結論は次のようであった。(イ)、革命運動に重要な役割を演ずべき共産軍は、現在の状態では兵力武器ともに政府軍に劣り、とうていその敵でないこと、(ロ)、共産軍はソビエト連邦をのぞく列国および中国有産階級全部の反対を受けているので、軍費および武器の供給補充が困難なこと、(ハ)、主要開港場は列国軍隊、軍艦の防衛下にあるので、革命達成上もっとも必要なこれらの地点の占領がほとんど不可能な状態にあること、(ニ)、ロシアとちがい、中国では各地方がほとんど半独立の状態にあるため、重要都市の占領により一撃にして全国を革命化することはきわめて困難であること、これらの理由により「近き将来に於て共産党及び紅軍が支那全土を赤化することは先づ大体不可能とみて差支へなきが如し」というのが桑島らの結論であった。

この年（一九三〇年）十二月初め蔣介石総司令が共産軍討伐に出発するに際し、『大阪朝日新聞』は、十一日、「共産匪軍の討伐」という社説を掲げたが、そのなかで共産匪軍の討伐が中国の政治的安定の前提条件であることを強調し、「支那の政治的安定は、独り支那の繁栄のために必要であるばかりでなく、この不況時にありてわが国の経済的発展を確保するためにも不可欠の要件であるのである。吾人は長江一帯にはびこる共産軍の存在が如何に支那の対外的信用を失墜し、同時に外国貿易を害するものであるかに鑑み、匪軍の討伐は支那の政治的安定の前提条件としてのみならず、世界各国人の利益のために、その成功の速かならんことを祈らざるを得ない」と述べた。すなわち国民政府による「共産匪」討伐の成功を、「世界各国人」の利益のために期待しかつ祈念したのであり、それは大恐慌下の日本の経済的発展のために不可欠の要件であると認識されたのであった。

満鉄包囲網の形成

一九三〇年（昭和五年）春に始まった閻錫山、馮玉祥の反蔣戦争は、八月十五日、国民政府軍が山東省の済南を奪回したのを機に、蔣介石に有利に展開し、しかも時局の鍵を握って形勢を観望していた東北の奉天《ほうてん》軍閥張学良《ちょうがくりょう》が九月十八日、中央蔣介石擁護の旗幟を鮮明にし、待機していた于学忠《うがくちゅう》軍、王樹常《おうじゅじょう》軍に関内出動を命じたことにより、急遽終結へと導かれた。張学良は、中央擁護の旗幟のもとに、天津、北平をふくむ河北省に進出し、中央勢力の黄河以北への進出を牽制し、一方、山西軍閥閻錫山軍を壊滅する前に救い、その勢力をある程度温存させ、将来の第三勢力とすることを意図した。

張学良軍は、九月二十一日天津、二十二日北平に入り、山西軍と警備を平和裡に交代した。国民政府としては、閻錫山、馮玉祥の攻撃を鎮圧することはできたが、なお張学良軍閥の関内進出、華中における共産軍の跳梁という事態に対処せざるを得なくなった。十月十日の双十節に蔣介石の発表した政治革新五大方策も、その第一に「共産匪」の粛清をあげた。また十一月十二日より七日間、南京で開催された国民党第四次中央全体会議には、張学良も出席し、国民党の東北への関心は深まりをみせたのである。

張学良は、十二月四日、蔣介石ら国民政府要人の見送りを受けて南京を去ったが、南京滞在中、国民政府首脳部とのあいだに、東北（満州）の外交、財政、交通等についてどのような協議が成立したかについては、明確な資料がない。張は十二月九日、『朝日新聞』の黒根、野口両特派員と天津で会見した。その際、記者が東北の外交について中央と諒解ができたかと質疑したのに対し、張は、外交は国家の外交であるから、大問題は当然中央でやる、しかし地方的な問題は余（張学良）の手もとでやる決心であると答え、東三省（遼寧〈奉天〉省、吉林《きつりん》省、黒竜江《こくりゅうこう》省）と国民党との将来の関係については、中国は国民党によって支配されているのだから、東三省も当然中国本部なみであるべきである、ただし余自身が今度国民党の中央委員となったのだから、将来の具体的方法については目下考慮中で、中央でも特に人を派遣する必要なく、この問題は余に一任していると述べた。日本は張学良と国民政府の関係を注視していた。張学良の意をうけて中央と交渉していた邢士廉《けいしれん》が、十二月奉天で日本側に伝えたところによれば、財政上の統一は「帳簿上の整理を実行するにとゞまり」実質的な財政統一は今後長時日を要する見込みであり、また東北政務委員会、東北交通委員会は、中央集権の強化という観点からは変態的な機関であるが、張学良はその存続を主張し、中央の諒解を得た模様であるとも語った（十二月十七日、林《はやし》久治郎《きゅうじろう》奉天総領事→幣原外相）。

東北交通委員会は、日本の東北における権益の中核である南満州鉄道を中国鉄道で包囲し、その機能を麻痺させる計画をたてていた。すなわち満鉄をはさむ東西の二大幹線をつくり、これを北寧線《ほくねい》（北平—瀋陽）に集中し、新たに良港を築いて連絡すれば、単に満鉄の死命を制し得るのみでなく、ソビエトの権益鉄道である東支鉄道にも重大な脅威を与え得るという構想である。その所要資金は官民合弁でつくり、なお不足のときは、鉄道が外国に支配されないよう相当の条件を付したうえ、外国資本を受け入れることとし、特にアメリカ、ドイツの資本を歓迎する建前をとった。すでに七月から錦州の南葫蘆《ころ》島でドイツ資本による大規模な港湾建設工事が始まっていた。東北交通委員会が構想している二大幹線が完成すると、南北満州の重要地点から中国鉄道を経由しての葫蘆島への距離は、満鉄を利用して大連に行く場合と比較して著しく短縮されるので、将来物資の集散上、中国鉄道が有利となり、満鉄への脅威が深刻になることは充分予測された。このように中国鉄道による満鉄包囲網が着々と計画されつつあったが、すでに完成している中国鉄道は、北寧（北平―瀋陽）、瀋海《しんかい》（瀋陽―海竜《かいりゅう》）、吉海《きっかい》（吉林―海竜）、吉敦《きっとん》（吉林―敦化《とんか》）の東四路、北寧、四洮《しとう》（四平街《しへいがい》―洮南《とうなん》）、洮昂《とうこう》（洮南―昂昂渓《こうこうけい》）、斉克《さいこく》（チチハル―克山《こくざん》）の西四路が連絡運転を開始して、貨物輸送の迅速化を計り、また瀋海、吉海線の連絡割引を実施するなど、満鉄への圧迫策を強化したのである。

一九二九年来の世界恐慌の影響は、満州にも端的にあらわれ、たとえば大連港の輸出入貨物は、三〇年度、輸出においては約二百万トン、輸入においては約五十万トン、前年に比し激減した。これは当然満鉄の輸送収入を悪化させた。さらに、漸落していた銀塊相場が一九三〇年に入って暴落したことも、銀建運賃をとっている中国鉄道を、金建をとっている満鉄にくらべて著しく有利にした。つまり満鉄は、銀貨国において金建運賃を採用しているので、銀安の結果は必然的に運賃の高騰となり、低廉な競争線に貨物が流れるのは自然のなりゆきであった。

世界恐慌の影響、銀安による打撃に加えて、東北交通委員会の中国鉄道網の整備などの悪材料がかさなって、一九三〇年来満鉄をめぐる情勢は、きわめて深刻化してきた。満鉄は、一九〇六年（明治三十九年）十一月一日、「長春、旅順間の鉄道およびその支線ならびにこれに付属する権利、特権、財産および炭坑経営権」を営業内容として設立され、日本の満州権益の中心となった。在満日本人二十二万八千の大部分は、満鉄付属地に住み、満鉄ならびにその付属会社に直接間接に依存して生活をたてていた。その満鉄が一九三〇年から深刻な経営的危機に襲われたので、居留日本人の受ける影響は重大なものがあった。

このような満州鉄道の状況は、幣原外相に、中国の国権回復熱は「満鉄培養線の建設を困難ならしめるのみならず支那側は自ら競争線を建設して満鉄を死地に陥れ」ると認識させた。幣原は一九三〇年十一月上旬、対満鉄道交渉方針を樹立し、懸案鉄道について大幅な譲歩方針を決定した。

すなわち、田中（義一）内閣のときのいわゆる山本・張鉄道協定五鉄道のうち、正式請負契約が成立していない延吉―海林、吉林―五常、洮南―索倫《ソロン》の三線を、全部中国の自弁敷設に任せることにし、正式請負契約の成立している長春―大賚《たいらい》線および敦化―会寧線も、長大線は中国が自弁鉄道を敷設するようつとめ、敦化―会寧については慎重に取り扱い、好機を待ってまず敦化―老頭溝《ろうとうこう》のみの敷設に努力し、老頭溝―朝鮮国境はやむを得なければ当分権利を留保するにとどめるという方針で、山本・張協定から著しく後退した案であった。

ただ、中国側が敷設を予定している鉄道のうち満鉄にとってほとんど致命的な路線（たとえば鄭家屯《ていかとん》―長春、鄭家屯―彰武《しょうぶ》、洮南―ハルビン、洮南―通遼）は、その敷設を阻止するためあらゆる手段をとることとし、従来平行線として抗議を続けてきた打通線（打虎山《だこさん》―通遼）および吉海（吉林―海竜）線への異議は、永続性のある連絡協定を満鉄と中国鉄道とのあいだに締結することを条件として撤回することとしたのである。しかし、この方針は、平行線としての打通、吉海への抗議を撤回する一方において、同じ平行線である洮南—通遼などの建設を絶対的に阻止し得るかははなはだ疑問であるといわねばならず、実質的には全面的な後退案となる可能性をもっていた。これらの方針は十一月十四日付で重光《しげみつ》（葵《まもる》）代理公使その他に訓令された。

幣原外相は陸軍と協議して若干方針を修正し、十二月十九日付であらためて訓令を発した。交渉の方策として、中国側の受くべき利益（借款条件の緩和、抗議撤回、新線の建設支持その他）と、我が方の受くべき対償（致命的競争線の建設差控え、連絡協定の確立、懸案鉄道の敷設促進）とは表裏離すことができない関係にあり、懸案鉄道の敷設はさしあたり要求しないが、致命的競争線および連絡協定の要求が容れられなければ、日本側の与える譲歩もあり得ないとの立場をとった。

幣原は新方針に基づく張学良との交渉を満鉄に担当させることにした。十二月一日より東京で仙石《せんごく》（貢《みつぐ》）満鉄総裁や外務省と打合せを行なっていた木村《きむら》（鋭市《えいいち》）満鉄理事は、十二月十一日、陸相官邸において宇垣《うがき》（一成《かずしげ》）陸相と会見したのを最後に、満蒙鉄道交渉の準備を終わり、十二日東京発列車で大連に帰任し、いよいよ鉄道交渉を開始することとなった。

国民政府は一九三一年（昭和六年）一月初め、外交次長王家楨《おうかてい》に帰郷を名目として北上、満州入りを命じた。王は上海の重光代理公使や、満鉄の木村理事と会見、日本の意向を打診した。北平に滞在していた張学良は、飛行機で一月十六日奉天に帰った。一月二十一日、林（久治郎）奉天総領事は秩父、高松両殿下の渡満の際の功労に対して旭日大綬章を張学良に手交、翌二十二日、木村満鉄理事は張学良と鉄道交渉を開始した。

木村理事は、二十二日午後五時、張学良を訪問し、約一時間半にわたって鉄道問題につき会談した。木村はまず今度の交渉の要点として、㈠、新線問題、㈡、平行線問題、㈢、鉄道の接続連絡運賃協定問題、㈣、借款整理問題の四点をあげたのち、平行線問題から日本の意図を説明した。中国側が共存共栄の趣旨により希望するならば、日本は中国の鉄道建設を極力援助すると述べ、平行線問題は、実際的利害関係をもつ鉄道当事者間で技術的、事務的に解決する方法があり、各自の政府が当事者間の実務的解決妥協案を認めるならば政治的外交的問題はおのずから消滅すると述べたのである。これは注目すべき発言であった。つまり、元来政治問題であった平行線禁止問題を鉄道当事者間の実務的解決に任せようとするのは、少なくともそれまでの日本のこの問題に対する立場を離脱するものであった。満鉄と中国鉄道の競争問題、言葉をかえれば満鉄包囲網による満鉄の打撃という問題についても、木村理事は純粋に経済的な発想から出発した。つまり、一地方に多くの鉄道があれば、いきおい競争は免れないこと、また満鉄も中国鉄道もその収入減は世界不況の結果でやむを得ないという点などをまず木村は認めた。そしてそのうえで、満鉄は満州における鉄道競争に応ずる充分な実力と準備とをもつが、激烈な競争の結果最近業績が悪化し、そのため政治問題を惹き起こし不測の事態を発生させるおそれがあることを指摘し、「此の際虚心坦懐双方互譲的合理的なる鉄道の接続、運輸、連絡及運賃の協定を為すことは相互の利益にして賢明の策なりと信ず」と述べた。木村理事の方針は、問題をあくまでも経済的なベースで解決しようとするものであった。

木村理事は、はじめて日本側の意図を直接知った東三省要人たちはいずれも安堵した様子であったと報告した。木村提議のなかには、少なくとも中国側を直接脅威するものはなかった。一月二十九日の『大阪朝日』は「満州の鉄道問題」という社説のなかで、日本にある硬軟両派の満蒙政策の分岐点は満鉄不振の原因に関する見解の相違から生じていると指摘した。すなわち、満鉄の不振を中国競争線によって貨物独占を破壊されたためであると認識すれば強硬論となり、一方、世界的不況と銀暴落からくる中国鉄道運賃の相対的低下を不振の原因として重視すればいわゆる柔軟路線が形成される、と分析した。「満鉄を根幹とする我が国の特殊利益を維持拡充するには、支那鉄道の窮迫状況をも考慮に入れ、支那側にも相当の利益を挙げ得るやうな互助的協定に達するより外に良策はあるまいと考へる、これは少くとも満鉄を目の仇とする支那側の急進論の中、経済的窮迫から来る部分を去勢し、これを除去する所以である。かうすれば、支那の盲目的愛国心による満鉄反対論から経済的理由による現実に有力なる反対論を切り離すことになるのである」と朝日社説は提案したが、木村理事の発言あるいは幣原外相の鉄道交渉の基調はまさにこの線に沿うものであった。そして、これは少なくとも東三省当局者にとって妥協し得る余地のある路線であった。

木村と張学良との第二回会談は、旧正月その他、張学良の政務多端のため、二月二十七日行なわれ、張は天津から召還した高紀毅（東北交通委員会副委員長、北寧鉄路局長）を選任して、木村との交渉の任に当たらせることを告げた。高紀毅と木村理事との第一回会談は三月六日行なわれたが、会談の結果、張学良が高に委任したのは、鉄道連絡協定、借款整理の二問題、すなわち、鉄道の事務的交渉であったことが明らかとなった。新線敷設、競争線など政治的な問題を高は極力交渉から除外しようとした。この点木村理事は不満であったが、「此の際難きを忍むで比較的軽微の借款調整問題につき出来得るかぎり寛容なる解決」を行なって懸案を解決し、中国側の対日、ことに対満鉄空気が緩和するのを待って、新線建設問題などに移る方針を、木村はとった。

木村は第一回会談を終えて大連に帰り、高も天津に赴いた。以後、木村理事と仙石総裁とのあいだに意思の疏通を欠き、また浜口《はまぐち》（雄幸《おさち》）首相の再入院、辞職、若槻《わかつき》（礼次郎《れいじろう》）内閣成立（四月十四日）などで、日本側の専門委員任命も遅れ、しばらく交渉はとだえた。その間、張学良は、陸海空軍司令部を設置のため、四月十八日、厳重な警戒裡に奉天を出発、北平に赴いた。張学良は、衛兵千余名を乗せた先導車を先頭に、十八日午後十一時三十分、北平に到着、国民党の中央執行委員呉鉄城《ごてつじょう》たちの盛大な出迎えを受けた。張は、五月初旬南京で開かれる国民党の代表会議に出席し、一ヵ月後には奉天に帰還する予定であった。

張学良が北平へ出発する直前、林総領事は十六日、張を訪問し、最近日中双方の輿論が硬化の傾向にあると、張の注意を喚起した。すなわち東三省では、最近国民党党部の成立後、たとえば外交協会等の反日言動がいよいよ熾烈化して日本官民の行動を非難するものが増加し、日本でも、南京における治外法権撤廃交渉と関連して、中国は旅順、大連や満鉄の回収すら企図しているのではないかと疑惑をもつものがあり、このままで推移すれば「貴司令及本官の東北に於ける和平的努力も水泡に帰す」るおそれがあると、林は警告した。

この後、満蒙鉄道交渉は、五月十二日、日中双方が専門委員七名（代表は日本側木村鋭市、中国側高紀毅）を発表したにとどまり、張学良、高紀毅の罹病《りびょう》等のこともあって、まったく停頓するにいたった。

国民党と関東軍

満蒙鉄道交渉が具体的な交渉開始前に行きづまった原因は、日中双方にそれぞれ存在していた。中国側には、国民党党部が東三省に成立したことに象徴される対日輿論の硬化があり、日本には、陸軍ことに関東軍を中心とする満蒙強硬対策の形成と、しだいに追いつめられつつある現地居留日本人の反撥があった。

まず、国民党勢力の河北省および東北の張学良支配地域への滲透をみてみたい。一九三一年二月中旬、呉鉄城と、中央監察委員張継《ちょうけい》は南京を出発、呉鉄城は東北四省、張継は北平、天津および河北省の党務視察、指導のため現地に赴いた。東北では、名目的にはともかく実質的には国民党は弾圧されていた。その理由を、前年十月末、林奉天総領事が「若し東三省に於て南方の如く党部を設置し党員募集其他の工作を許すに於ては、由来純朴質実なる東北一般人民が急激に民権思想に覚醒し、多数を恃んで官憲の政治に対し干渉を加ふるに至るべく、斯《か》くては張学良独裁の下に形式的政務委員会を設けて専制政治を行なひつゝある従来の建前上多大の不安を感ずるのみならず、急激なる民権思想の鼓吹は共産思想との接近を招来すべく……」と観察しているのは、実状に即していたといえよう。この状況は張学良の中央接近の強化とともに若干緩和されたとはいえ、基本的に変りはなかった。

　呉鉄城は、二月二十日、奉天に着き、ただちに党部の開設に着手した。呉は、まず奉天、吉林、チチハル、熱河に省党部を設け、ついで東北四省の重要都市に市党部を置き、漸次県党部以下を組織し、主要官吏に党員の資格を与え、さらに官民中の志願者から銓衡して予備党員の資格を与えようとした。これら各党部は地方政府と密接な連絡を保ち、一般市民に三民主義を宣伝するとともに、共産党に対して厳重な取締りを実施する方針であった。三月十九日、国民党は、東北四省の党務指導委員を改めて任命した。遼寧省では張学良、邢士廉ら七名、吉林省では張作相《ちょうさくそう》、熙洽《きこう》以下七名、黒竜江省では万福麟《ばんふくりん》ら七名など、いずれも東三省首脳部がそのまま党務指導委員となった。そして三月二十六日、瀋陽（奉天）の遼寧党部で、呉鉄城、張継をはじめ張学良副司令などが出席して、党務指導員の宣誓就職、省党部成立式が行なわれた。この日、飛行機五機が党部上空を飛翔して典礼を祝し、多数の宣伝文を撒布した。以後、四月二日吉林、六日ハルビン、十日チチハルと、次々に呉鉄城は党部を成立させ、国民党の政策を鼓吹し、ときには排日演説を行なった。各地民衆の対外意識、特に対日意識が国民党部の活動により昂揚をみたことは否定できなかった。

　たとえば五月初旬のチチハル党部の活動状況をみてみると、五月二日、陳某が全市中等学校生徒を集め、日本と東北問題に関し演説、五月三日、数百名が党部大礼堂に集合、五・三惨案記念式を挙行（五・三惨案は、日本軍が一九二八年に起こした済南事件である）、五月五日、この日は国民会議開催当日なので各機関、学校は休業し、各戸は一斉に国旗を掲げて慶祝、生徒および民衆二万人がデモ、五月九日、国恥記念日につき各機関、学校は休業、各戸は一斉に弔旗を掲げ、娯楽、宴会を停止（この国恥記念日は日本の二十一箇条要求を最後通牒によって受諾した日）、というような状況であった（六月八日、清水八百一チチハル領事→幣原外相）。東北大学その他学界、言論界の代表を網羅して結成された国民外交協会もしばしば大会を開き、鉄道交渉について東三省当局を激励、各新聞もこれに呼応し、民衆の反日意識は確実にたかまってきた。そしてそれは、当然張学良の対日妥協を牽制したのである。

日本の陸軍、ことに関東軍と満州に在留する日本人たちは、幣原外相の鉄道交渉の姿勢に不満であり、批判的であった。林奉天総領事は、一九三一年一月三十一日、陸軍中央は「一種不純の野心に基き故意に情報を捏造して日支両国の関係を悪化さすべく企図せるやの疑あり」と陸軍の動きを非難した。関東軍は、司令部を旅順に置き、一駐箚《ちゆうさつ》師団と六独立守備歩兵大隊よりなり、総数約一万六百で、満鉄沿線の警備に当たっていた。三月、満州視察に来た各兵科実施学校の教官たちに対し、関東軍の高級参謀板垣《いたがき》（征四郎《せいしろう》）大佐は、「密かに考へまするに、満蒙問題の解決は現下支那側の態度より考察して、単に外交的平和手段のみを以てしては到底其の目的を貫徹することが出来ないと言ふ結論に到着せざるを得ないのであります」と講演した。つまり関東軍の首脳部は、三月すでに外交交渉のみによる解決にはなんら希望をもっていなかった。「満蒙問題は之を我領土となすことによりて初めて解決す」というのが、板垣や石原《いしはら》（莞爾《かんじ》）ら関東軍参謀の到達した結論であった。石原が板垣参謀の講演を手記した「満蒙問題私見」は、満蒙の価値は、政治的には「国防上の拠点、朝鮮統治、支那指導の根拠」であり、経済的には「刻下の急を救うに足」り、そして「解決の唯一方策は之を我領土となすにあり、之が為には其正義なること、及之を実行するの力あるを条件とす」と主張した。

板垣は満蒙の経済的価値として具体的に次の三項を指摘した。㈠、満蒙の農産は我が国民の糧食問題を解決するに足る、㈡、鞍山《あんざん》の鉄、撫順《ぶじゅん》の石炭等は現下における我が重工業の基礎を確立するに足る、㈢、満蒙における各種企業は我が国現在の有識失業者を救い不況を打開し得る、の三項である。また「漢民族社会も漸く資本主義経済に進まんとしつゝあるを以て、我国も満蒙に於ける政治軍事的施設を撤回し、漢民族の革命と共に我経済的発展をなすべしとの議論」は傾聴に値するが、「支那人が果して近代国家を造り得るや頗る疑問にして、寧ろ我国の治安維持の下に漢民族の自然的発展を期するを彼等の為幸福なるを確信する」（「満蒙問題私見」）といっているが、ここにみられる、中国人は近代国家を組織し得る能力がないとの見解は、以後大きな影響を日本の対満、対中国政策に与えることになった。日本は好むと好まざるとにかかわらず、東洋平和の全責任を単独に負うべき運命にあるのだから、「武力的強制に依りても速に満蒙問題を解決し支那に対して指導の位置に立つことが必要」（五月二十九日の講演）であり、期日を定めて「日韓合併の要領により、満蒙併合を中外に宣言」すれば足りる、というのが板垣参謀の認識であったのである。

在留日本人のなかでは、満州青年連盟の活動が顕著であった。青年連盟は、一九二八年大連新聞社が主催して開催された模擬議会である満州青年議会を直接の母胎として組織され、満鉄理事の小日山直登《こひやまなおと》が初代の理事長となった。一九二九年四月の会員数は約二千七百名で、関東州、満鉄付属地の主要都市およびハルビンなどに支部が置かれた。会員は専門学校、私大卒程度の学歴の者が多く、ほぼ三十代前半の者で占められ、満鉄現場の役付クラス、ジャーナリズム関係、教員、会社員など多彩で、満州における日本人社会の輿論の形成に影響をもつにいたった（松沢哲成《まつざわてつせい》「満州事変と『民族協和』運動」）。

青年連盟は葫蘆島築港問題に関する輿論が冷淡なのに憤激して、一九三〇年六月、「危機を孕む葫蘆島築港問題」と題するパンフレットを公表して、輿論の注意を喚起したが、一九三一年に入り、幣原外相の対満蒙鉄道政策の後退、中国側の排日運動の昂揚を目前に見て、新満蒙政策確立のための活潑な運動を開始し、六月には、「満蒙問題と其真相」一万部を印刷（満鉄、関東軍から補助を得た）し、内地の政府当局、代議士、各地新聞、雑誌社、青年団その他各種団体に配布し、満蒙の危機を訴えた。六月十三日には、条約擁護、生存権確保をうたって難局打開演説会を大連に開き、「吾等在満邦人の生存権は支那政府の系統的産業圧迫と条約蹂躙の不法行為とにより今や覆轍《ふくてつ》の危機に瀕す、斯《かか》る国家存亡の秋《とき》に当り朝に対応の方策なく野に国論の喚起なし、坐して現状を黙過せば帝国の権益は煙滅し、亡国の非運祖国を覆ふや必せり、是れ吾等が立つて以て新満蒙政策確立の運動を起す所以なり」との宣言を採択し、政府、関係当局に打電した。

連盟は、七月中旬から八月中旬にかけて、岡田猛馬《おかだたけま》、小沢開作《おざわかいさく》らを東京、大阪に派遣した。小沢らは、若槻首相、幣原外相、南《みなみ》(次郎《じろう》)陸相、政友会総裁犬養毅《いぬかいつよし》らを訪問、また各所で演説会を開き、満州の現況に対する輿論の昂揚につとめた。「満蒙問題と其真相」や同じく連盟が七月に出版した「満蒙三題」などから、青年連盟の主張二、三点を紹介してみよう。

まず、満州は歴史的に漢民族固有の領土でなく一つの植民地であると規定し、同時に、満州に移住してきた朝鮮人、日本人、その他のアジア民族の満州居住を侵略的行動とし、ひとり漢民族の満州独占を主張し、これら民族(朝鮮、日本)の共同開拓を排斥するのは、漢民族のはなはだしき利己的主張であると断定する。ついで、満蒙の平和は何人によって維持され、満蒙今日の文化は何人によって興隆せられたかと問い、日本軍による治安の維持、日本の投資による経済的発展が、満州をして戦乱あいつぐ中国本部の惨憺たる状況と隔絶せしめ、「支那無産大衆にとって安住の楽園」と化したことを指摘する。さらに満蒙が日本の国防上、また鉄、燃料の軍事資源上重要地域であることを強調し、満蒙放棄の絶対不可を結論とした。「今や全既得権益を一挙にして屠り去らんとする険難刻々に迫りつゝある。国民は是れをしも黙過放任せんか。満蒙の疆域《きょういき》を永久に失墜すると共に延《ひ》いて新興日本の発展を頓挫せしめ合せて日本の全世界に有する栄光をも失墜せんのみ」と、「満蒙問題と其真相」は結んだ。さきに紹介した関東軍参謀らの主張とまさに符節を合していた。

一方、満鉄の営業不振による事業縮小のため、直接生活の脅威を受けた人々の切実な陳情も続々と政府に寄せられた。たとえば、七月二十六日、満州土木建築業務協会会長は、満鉄が本年度の既定土木建築工事全部の中止を決定したため、「我々業者は殆ど一箇年の休業状態に陥り、数万の従業員は生活の途に窮し実状惨憺たるものあり、此儘《このまま》抛棄するに於ては由々《ゆゆ》敷《しき》結果を招来すべく」と既定工事の復活を嘆願する電報を政府に送った。しかし一方、満鉄に依存し寄食する在留邦人の状況については、「在満邦人の窮境は畢竟《ひっきょう》官権にのみ依頼して実力戦裡に対等の競争を為し得ず、漸次圧迫駆逐されて、後退の外なき一般の形勢にあるのである」(『時事新報』社説、昭和五年十月二十二日)という批判もあった。

前満鉄副総裁で、衆議院議員(政友会)となった松岡洋右《まつおかようすけ》は、同じ霞ヶ関出身ではあるが、幣原外相の対満蒙方針に批判的であった。松岡によれば、「満蒙問題の解決はやがて国防上にも将《は》た又経済上にも、我が国の存立、安固を確保する所以」であり、「殊に朝鮮の問題をも解決する鍵」であった。そして満蒙問題は二十万の在留同胞とか、満鉄とか、何々利権が設定してあるとかいう問題ではなく、「満蒙に対する我が国の権益は全満蒙をおほつてゐるもの」で、換言すれば「満蒙は特に我が国にとつては国防上からも、我が民族の経済的存在の上からも、実にこの生命線をなす」というのが松岡の根本的な認識であった。満州を日本の生命線とみなす松岡の認識にたてば、区々の鉄道問題の調整などは、いわば些事ともみえたのである(松岡洋右「満蒙問題」、『福岡日日』昭和六年二月八、十、十一日)。

松岡はしきりに、我が国の一般の輿論が、生命線満州に関心がないことを歎いた。たしかに二月から五月にかけて、日本の諸新聞の満州への関心は薄く、中国問題としてはむしろ南京で行なわれている治外法権撤廃交渉が大きくクローズアップされて報道されていた。治外法権撤廃問題は、国民政府にとっても、列強側にとってももっとも重大な課題であった。不平等条約廃棄を最大の外交上のモットーとした国民政府は、関税自主権の回復に成功してからは、治外法権の全面的撤廃を列国に迫っていた。日本、イギリス、アメリカ等は、相互に緊密な連絡をとりながら、中国側の要求に対し、段階的に応じようとしていた。法権撤廃の要求を拒否するときは、排外ボイコットが起こり、不況下の対中国貿易がなお悪化するおそれが強かったので、列強は国民政府の要求に徐々に応じながら譲歩し、地域的にあるいは時間的に全面撤廃までに猶予をもたせようと計った。王《おう》（正廷《せいてい》）外交部長はこのような列強の対応にきわめて不満であり、五月四日、ついに翌年一月から一方的に治外法権を廃棄する方針を明らかにした。

幣原外相も、原則的にイギリス、アメリカと同調する方針をとったが、同時に、日本としては治外法権撤廃に特別な留保をつけなければならないことを認識していた。四月二十七日付の「中国に於ける治外法権撤廃に関する大綱案《かんとう》」によれば、日本はまず満州に関し地方的特殊協定を結ぶ必要があり、そのうえさらに間島地方について特別な諒解に達しなければならなかった。これらの交渉は、実情に通暁している東三省当局（張学良政権）と現実に即して商議する必要があるので、国民政府との治外法権撤廃交渉にあたっては、満州、間島の問題をとにかく留保するという方針をたてた。

さらに具体的にいえば、列国が要求する租界の除外以外に、日本は満鉄付属地を治外法権撤廃地域から除外させるだけでなく、満州の土地商租権、「不逞鮮人」の取締り、間島における日本警察機関の維持などを中国に承認させなければならなかった。「不逞鮮人」の取締りについては、中国側に、(イ)、「不逞鮮人」団体を解散し、その銃器を没収し武装を解除すること、(ロ)、朝鮮官憲または我が出先官憲の指名する「不逞団及不逞鮮人」はかならずこれを取り締まり、その結果を通報することなどの義務を負わせようとした。

一九三一年前期の中国外交の最大の焦点である治外法権撤廃交渉にあたって、日本としては列国と共同して対処するとともに、独自の留保を達成するため、東三省政権と交渉しなければならないという負い目をもっていたのであり、幣原外相は、一方で陸軍や在留邦人の強い非難をあびながら、みずからもきわめて困難な途を歩まねばならなかったといえよう。

このような状況において、六月から八月にかけて起こった万宝山事件、中村大尉殺害事件は、満州の局面を一挙に緊迫させた。

万宝山事件および中村大尉殺害事件

東北地方、ことに吉林省には、「赤手空拳」で朝鮮から移住してきた朝鮮人が多く居住し、間島地方では人口の八〇パーセントを占めた。その大部分は小作農民で、日本の朝鮮支配に強く反撥していた。張学良軍閥は朝鮮人の反日運動には寛大であったが、共産系の朝鮮人の活動にはきびしい弾圧を行なった。一九三〇年五月三十日の間島暴動後、朝鮮人九六〇人、中国人二〇人が共産分子として逮捕され、約六十人の朝鮮人が射殺された。東北官憲の朝鮮人農民への圧迫が峻烈をきわめたため、敦化その他から満鉄沿線の長春《ちょうしゅん》に避難してきた朝鮮人農民が、長春の西北方約二十キロの万宝山《まんぽうざん》付近の荒地に入植しようとしたことが、いわゆる万宝山事件の端緒となった。

長春駐在の田代《たしろ》（重徳《しげのり》）領事は、四月七日中国人地主郝永徳《かくえいとく》と朝鮮人間に十年の借地契約が成立したことを幣原外相に報告した。田代は、この契約は長春県長の承認を経ており、もし経営が良好で朝鮮人村落が建設されれば、朝鮮人小作農民にとって福音であると、計画を奨励する意向であった。長春の朝鮮人たちは、五月初め、四三戸、二一〇名が現地に移住し、長春県第三区の万宝山一帯の民房を借りて居住しはじめた。そして彼らはまず、付近の伊通川《いつうが》からの水路を築こうとして、それに反対する中国人農民と衝突し、以後、事態はしだいに重大化した。

長春県側は、六月一日、二〇〇名の巡警、騎馬隊を現地に派遣し、朝鮮人農民に水路工事の中止を勧告し、日本領事館も警部一名、巡査五名を派遣し、両国の警官が対峙するにいたった。

長春市政籌備処は、この問題は朝鮮人と地主との間を斡旋した者の詐欺的行為に原因があると認め、朝鮮人農民が現地を退去するならば、補償の方法を講ずると申し入れた。しかし、田代領事は、中国官憲の朝鮮人圧迫がはげしくなってきた際、この事件は一種の試金石となると考えた。つまり「日本官憲の力の及び得る範囲に於ける邦人の正当なる事業に対しては、飽迄《あくまで》保護すべき方針にて進むに非ざれば邦人の満州発展の退嬰的傾向を益々助長せしむのみ」と判断し、中国側があくまで朝鮮人農民の退去を求めるならば、「本年度種蒔時期を失するの虞もあり勢ひ工事を一気呵成に成就して既成事実を作り粘り強く交渉を進むる」決意を固めた（六月六日、田代長春領事↓幣原外相）。

幣原外相も事態の発展を重視した。吉林省政府が朝鮮人の定着を禁止する方針を公然表明し、さらに治安維持の任に当たる官憲が邦人の安住を脅かし、その正当な企業を妨害するのは黙過し得ないとして、厳重に張作相主席に抗議するよう林奉天総領事に訓令した（十二日）。幣原が、もし東三省側の朝鮮人農民駆逐の方針が露骨化すれば、朝鮮内部で朝鮮在留中国人に対し報復手段が実行される可能性があることを示唆し、吉林省当局の善処を促したのは注目される。

七月一日、約四百名の鋤や鍬をもった中国人農民が実力で水路破壊に着手したため、朝鮮人農民は作業を中止するのやむなきにいたった。翌二日朝も、中国人農民約五百名は、銃約二十、拳銃約十を携行して水路を破壊しつづけ、日本警官隊約二十五名とついに銃火を交えるにいたったが、幸い双方に死傷者は出なかった。

万宝山で朝鮮人農民が中国人により襲撃され、死傷者も出たという誤報が『朝鮮日報』などの号外で配布されたため、朝鮮各地で在留中国人への復讐が暴動にまで発展し、重大な事態となった。

排華暴動が最初に起こったのは仁川《じんせん》であるが、京城《けいじょう》、元山《げんさん》、新義州《しんぎしゅう》などでもつづいて暴動が発生し、朝鮮人群集は中国人商店を大挙襲撃、破壊した。もっとも苛烈で凄惨をきわめたのは、平壌《へいじょう》の大暴動であった。児玉《こだま》（秀雄《ひでお》）政務総監は、外務省へ「五日夜午後九時、平壌において数千の朝鮮人群集とつじょ支那街を襲い、本日午前三時にわたりて狂暴の限りをつくし」と、第一報を送った。

七月五日、平壌警察署は華僑の代表を呼び、もし暴動が発生すればかならず保護するので、朝鮮人の挑発には慎重に対処するよう望んだ。しかし、午後七時ごろから中国街一帯は騒然となり、数千の群集が手に手に棍棒、刀斧、石塊をもち、華僑の家屋を手あたりしだい襲撃、破壊したのみならず、中国人に対し殴打、暴行を加えた。襲撃は翌朝まで何回も繰り返され、中国人死者は一〇〇人を超え、生死不明者六三人、負傷者も一六〇人に達し、数百戸の中国人家屋、財産はほとんど灰燼に帰した。出動した日本警官は武装していなかったので、群集を制禦することはまったくできず、暴動を傍観するのみであった。朝鮮で多数の中国人が悲惨な迫害を受けたことに対し、中国各地で反日気運が一挙にたかまった。

国民党中央執行委員会宣伝部は、朝鮮の暴動は日本が朝鮮人を使嗾《しそう》し煽動して起こしたという見解をとった。通常朝鮮では日本の軍警の威令は行きとどいており、朝鮮人に対する監視もきわめて厳重で、群集の集合などは許されないのに、今度の暴動で「一瞬の間に数千人を糾合し煌々たる武器をひらめかし、放火、破壊、掠奪を敢行したる以上」、朝鮮の惨事は完全に日本帝国主義の使嗾にかかわる組織的、計画的大虐殺であると結論した。

在日朝鮮人は、この暴動の本質を究明しようとした。全協失業者同盟東京地方江東地区委員会が配布した朝鮮語のビラは、まず間島地方に逃げてゆく朝鮮人同胞は「日本帝国主義に食物着るものを皆奪はれ、詮方なく故郷を離れて、父母妻子を連れ食を求めて、荒漠たる地間島」に向かったのであるが、間島でも朝鮮人は中国人地主の搾取と巡警の圧迫、馬賊《ばぞく》の被害、日本帝国主義の圧迫など五重六重の圧迫を受けていると指摘したのち、「日本帝国主義は、吾々同胞の為めとか或は保護するとか云つた美名の下に軍隊を送つて居る、茲《ここ》に日本帝国主義の内心の野望を知ることが出来る。実際に吾々の為めならば、何故朝鮮で土地と食ふ物や着る物を奪つて北間島に追ひ遣つて居るのか、奴等が軍隊を送つて居るのは表面には吾々同胞の為めと騒ぎ廻つて居るけれども、中国農民との争闘を機会に血と汗で拵《こしら》へた土地を強奪しようと云ふ強盗の心理が潜んで居る」と、日本の朝鮮政策を強く非難した（七月十三日、高橋守雄《たかはしもりお》警視総監→安達内相、幣原外相）。

万宝山事件にひきつづき、幣原外相は中村大尉殺害事件を処理しなければならなかった。中村震太郎《なかむらしんたろう》大尉は参謀本部の部員で、対ソ作戦の兵要地誌作成のため、ひそかに興安嶺《こうあんれい》方面の偵察任務につき、洮南、索倫の中間地で、中国軍（第三屯墾軍）により、六月二十七日殺害された。

東三省側は、中村大尉殺害を否認していたが、石原参謀と奉天特務機関の花谷《はなや》（正《ただし》）少佐は、八月二日林総領事を訪れ、中村大尉の殺害はほぼ確実であり、このうえ交渉が遷延するときは、いたずらに中国側に証拠湮滅《いんめつ》の機会を与えるにすぎないと、関東軍の交渉方針を伝え、林総領事の同意を求めた。その要旨は、(イ)、交渉は中村が軍人であることを明らかにしたうえ、軍部が担当する、(ロ)、中国側に共同調査を要求し、同意を得ればすみやかに必要の人員に歩兵一個小隊を付し現地に派遣して中国側調査員の来着を待つ、(ハ)、共同調査の諾否については最少日時の期限をつけ、中国側が承認しないときは実力調査を行なう、(ニ)、解決条件は、(1)、洮南地方および洮索鉄道の開放、(2)、謝罪、(3)、賠償、(4)、保障等であり、交渉を軍が担当する意向や、実力調査の強行など注目すべき見解をふくんでいた。林総領事はこの関東軍案には諸般の関係を考慮する必要があるとして同意を与えなかった（八月二日、林奉天総領事→幣原外相）。

関東軍参謀部は実力捜査を決意し、四平街に装甲列車や歩兵砲兵連合部隊を準備した。この年五月の板垣参謀の「満蒙問題私見」四に、「解決の動機、国家的正々堂々、軍部主動、謀略に依り機会の作製、関東軍主動、好機に乗ず」とあるが、石原らは中村事件を満蒙問題解決の「好機」と認識したのである。

関東軍は中村事件対処方針を陸軍省に上申した。上申の全文は今判明しないが、そのなかには「軍部の威信を中外に顕揚して国民の期待に答へ、満蒙問題の解決の端緒たらしむる為絶好の機会なり」という一節があった。しかし軍中央はかならずしも全面的には関東軍の方策を是認しなかった。八月七日、杉山《すぎやま》（元《はじめ》）次官は、三宅《みやけ》（光治《みつはる》）関東軍参謀長に交渉方針を示達した。中村事件を満蒙問題解決の動機とするは穏当でないというのが、軍中央の意向であった。この訓令を受けた関東軍参謀部は失望した。石原中佐は十二日、軍事課長永田《ながた》

(鉄山《てつざん》)大佐に私信を送り、さらに関東軍の意図を説明した。

「今回の事件に於ても若し軍が直接東北軍憲の首脳者と交渉し大決意を以て之に臨まば全般の状況上生等は最短期間に解決し得る確信を有したるものなり。但苟《ただいやしく》も我等事に当る以上武力使用の決心を蔵するを要するは論を俟たず、外務当局の厳重抗議により迅速に事を解決するが如き全く一の空想に過ぎず、若も此の如きこと可能ならば数百の未決事件総領事の机上に山積する訳なく従て今日喧しき『満蒙問題』なるものは存在せざりしこと明らかなり」

幣原外相は、軍部ことに関東軍が本事件に激昂しているので、迅速な解決を計って事態の紛糾を避けることが肝要と考え、通常の場合と同じく、謝罪、責任者の処罰、賠償、将来の保障を要求し、この事件を利用して別途の権益を獲得することはしない、という方針を固めた。八月十日、幣原は、林総領事に東北当局と交渉を開始するよう訓令し、もし中国側が事実を否認したり、調査に藉口して交渉を遷延するような態度に出るときは、実力調査の可能性があることを適当に暗示して、交渉の進捗を計るよう指示した。

林総領事は、十七日臧《ぞう》(式毅《しきき》)遼寧省政府主席を訪問、軍側が相当昂奮しているので、すみやかに事件を解決する必要がある旨を申し入れた。臧主席は、いかなる事情があったとしても、地方軍隊が勝手に外国人を殺害するのはすこぶる不都合なので、参謀長栄臻《えいしん》と計って、適当な人物を至急現地調査のため派遣すると答えた。しかし、中国側の調査がはかばかしく進行しないのを見た林総領事は、九月四日、省長公署で臧主席、栄臻参謀長と会見、もし中国が本件の処理を回避するような場合、国交上重大な影響を生ずるおそれがある旨を告げ、屯墾軍の関団長を奉天に召還するよう示唆した。このころ中国側新聞は、さかんに中村大尉殺害事件は無根であるとの報道を載せ、王（正廷）外交部長も中村事件はまったく事実無根で、満州には好んで事を構える不良ごろつき日本人が多いので、おそらくこの連中が捏造した宣伝であると言明したため（南京、千原特派員発『朝日』九月六日）、南陸相等をはじめ軍関係者はいよいよ態度を硬化させた。

陸軍関係者の満蒙問題への輿論の啓発はきわめて活潑となってきた。たとえば金沢の第九師団は、司令部の名で、飛行機から十万枚のビラを第九師団管下の金沢をはじめ彦根、長浜、敦賀等の各所に撒布した。そのビラは、満州を赤く染め出した地図を入れ、これらの権益をつかみとろうとしている黒い手を描き、日露戦費二十四億円、投資十七億円、我が同胞の貴き鮮血二十万人と書かれていた（『東京日日』九月八日）。

満州を視察して帰った政友会の森《もり》（恪《かく》）代議士らも、八月三十一日党関係の会合で、満蒙では日中官民が無気味に対立し、「ある意味においては事実上交戦直前の状態であるとも云へる」と報告した。菱刈《ひしかり》（隆《たか》）大将に代わって新たに関東軍司令官となった本庄《ほんじょう》（繁《しげる》）中将は、八月二十日、旅順《りょじゅん》に到着したが、九月三日の多門《たもん》（二郎《じろう》）駐箚師団長、森《もり》（連《むらじ》）独立守備隊司令官との会談で、今後さらに不祥事の発生が予想され、「此の如くして最後の解決の時期近づきつゝあるを思はしむるものあり」と述べた。

事態の重大化を認識した栄臻参謀長は、九月十八日ようやく中村大尉殺害の事実を全面的に承認するにいたった。栄臻参謀長の調査では、中村、井杉（延太郎、同行した日本人）と露国人（中国籍）、蒙古人の一行四名は、六月二十五日昼、騎馬で西北方より蘇鄂《そがく》公府に到着し、第三団の取調べを受けていたが、中村は軍事探偵であることが発覚し、生命に危険の及ぶのを恐れたためか、二十七日、夜陰に乗じ一行とともに逃亡し、追跡を受け抵抗したので射殺されたというのであった。東三省側がようやく中村大尉の殺害を認めたため、交渉は次の段階に移ろうとしたが、この日夜十時過ぎ、柳条湖事件の勃発をみるのである。

満州では、満鉄の不振による在留邦人の危機感が深刻になり、万宝山事件、中村大尉殺害事件などの突発事件が緊張をいよいよたかめた。しかし問題の本質は、中国鉄道網の整備、国民党の東三省における活潑な党勢拡張に象徴されるように、国権回復を呼号する中国ナショナリズムが満蒙をも包括するかたちで日本への対決を深めた点であった。三千万の人口、肥沃な農産地帯、豊富な鉱業資源をもつ満蒙は、勃興しつつある中国資本主義にとって、今や不可欠の市場であり、また資源供給地でもあった。日本の満鉄、関東軍に表徴される満州の奇妙な形態は、中国資本主義の全国市場の形成にあたって、どうしても除去しなければならない障碍であった。まがりなりにも近代中国が国民政府の統一下に形成されるにつれ、日本の満州支配が動揺、後退するのはやむを得ないところであった。この新しい中国ナショナリズムの擡頭は、在留日本人にも、また関東軍にも、そして内地の日本支配層にも、満蒙における日本の将来に関し、不安と動揺を与えずにはおかなかった。

II　陰謀をめぐって

九・一八事件

一九三一年（昭和六年）九月十八日金曜日夜、奉天総領事林久治郎は、知人の津久居平吉《つくいへいきち》翁の通夜に出席していた。津久居は日露戦四十七士の一方の旗頭であり、通夜には木下在郷軍人会会長をはじめ、日露戦争当時の志士たちが集まって、翁の武勲を偲びつつあったとき、突如天地を揺がすような大鳴動が起こり、殷々《いんいん》たる砲声が、豆を煎《い》るような音響と交錯して続いた。林総領事は急遽総領事館に引き返した。

総領事館には当夜森島《もりしま》（守人《もりと》）領事がいた。森島領事は、午後十時四十分ごろ、突然奉天特務機関から、柳条湖で中国軍が満鉄線を爆破し、軍はすでに出動中であるから、至急特務機関に来るよう電話連絡を受けた。事件の重大性を直感した森島は、総領事に伝言をのこし、総領事館全員を非常召集したうえ、特務機関に駆けつけた。特務機関内の状況は、森島の回想録に鮮明に描かれている。

「特務機関内では、煌々たる電燈の下に本庄司令官に随行し奉天を離れたはずであった関東軍の板垣征四郎高級参謀を中心に、参謀連が慌しく動いていた。板垣大佐は『中国軍によって、わが重大権益たる満鉄線が破壊せられたから軍はすでに出動中である』と述べて総領事館の協力を求むるところがあった。私から『軍命令は誰が出したか』と尋ねたところ、『緊急突発事件でもあり司令官が旅順にいるため、自分が代行した』との答であった。」（『陰謀・暗殺・軍刀』）

森島領事が外交交渉による解決を力説したのに対し、板垣大佐は、荒々しい語気で、「すでに統帥権の発動を見たのに総領事館は統帥権に容喙《ようかい》、干渉せんとするのか」と反問、同席していた特務機関の花谷少佐は、軍刀を引き抜いて、「統帥権に容喙するものは容赦しない」と森島領事を威嚇した。三谷（清）憲兵分隊長談にも、花谷少佐が軍刀を抜きながら、森島領事に「この国賊、止《と》めるとは何事か」とどなりつけ、森島はやむを得ず引きさがったとある。

板垣参謀が奉天駐屯の独立守備歩兵第二大隊長島本《しまもと》（正一《まさいち》）中佐と、第二師団第二十九連隊長平田（幸弘）大佐を特務機関（第二十九連隊の営門前にあった）によび、それぞれ北大営に駐屯する中国軍と奉天城を攻撃するよう命令を下達したのは午後十一時ごろであったが、その直後、森島領事が特務機関に来たとみられる。板垣大佐の北大営、奉天城攻撃命令は独断でなされたものであるが、関東軍の軍事行動は、ここに正式に開始された。

森島領事は帰館し、一切を総領事に報告したうえ、東京への電報や居留民保護の措置をとった。奉天（瀋陽）は人口三十五万余を有する大都市で、張学良軍閥の本拠地である。その満鉄付属地には、日本人二万二〇五〇人、朝鮮人七七六人、計二万二八二六人が居留していた。奉天城内に居住していた数十人の日本人は満鉄公所に、辺門内居住者は赤十字病院および朝鮮銀行内に集合させられた。付属地と商埠地《しょうふち》の境界には鉄条網が張られ、町の辻々は守備兵、憲兵、警官、在郷軍人で固められ、柳町陸橋以北ならびに城内方面の交通は遮断された。遼寧省政府の所在地、東北辺防軍司令長官公署のある奉天城の内外は、九月十八日夜、一瞬にして血腥い戦場と化した。

九月十五日、本庄（繁）新関東軍司令官は、奉天で第二十九連隊、独立守備隊、憲兵隊、特務機関の夜間出動準備の演習を検閲した。演習は、午後八時、終了した。午後九時半、特務機関に板垣、石原両参謀を中心に花谷少佐、三谷憲兵分隊長、今田《いまだ》（新太郎《しんたろう》）大尉（張学良顧問）が参集し、挙事か否かをきめる最終会議を開いた。石原日記には、「午前三時まで議論の結果、中止に一決」とある。三谷少佐によれば、三谷は決行を主張したが、慎重に時期を待つべしと論ずる者（花谷）もあり、中止、決行の二つに分かれ決しないので、籤を引いた結果、中止ときまり、午前二時ごろ解散したとなっている。

翌十六日朝、瀋陽館に宿泊していた石原は、三谷、今田をよんで守備隊の動向など情勢を再検討し、さらに板垣と会い、結局断行と決した。そこで独立守備隊の川島（正）第三中隊長をよび、早期断行を伝えたが、川島は十八日なら間に合うと回答し、十八日決行ときまった（三谷談）。板垣、石原らの当初の計画は、多数日本人を雇って張学良軍の服装をさせ、日本総領事館や駐屯軍などを襲撃させ、それによって軍事出動の口実を得ようとしたと伝え

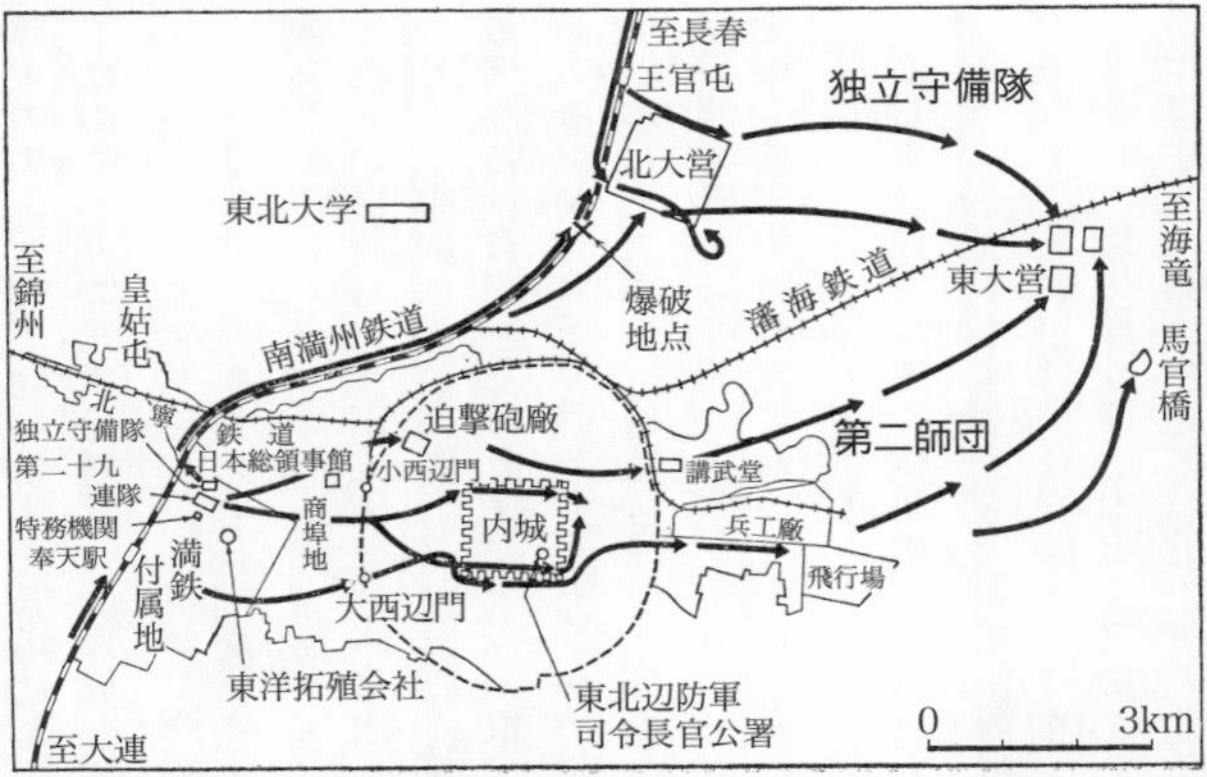

奉天（瀋陽）付近第二師団・独立守備隊戦闘経過概図（1931年9月18・19日）

られるが、九月二十八日に予定されたこの策謀が洩れ、急遽繰り上げて決行することになったため、きわめて小人数で実行し得る満鉄線路の爆破に変更されたと考えられる。

九・一八当時、奉天に駐屯していた関東軍の部隊は、独立守備歩兵第二大隊と、駐箚第二師団の歩兵第二十九連隊（将校四三、下士兵八八八）で、独立守備歩兵第二大隊は、第一、第四中隊を奉天に、第二中隊を撫順に、第三中隊を虎石台に配置していた。虎石台の第三中隊は、九月十八日午後七時から奉天より約十一キロ北にある文官屯南側地区で夜間演習を実施した。川島（正）第三中隊長は、河本《かわもと》（末守《すえもり》）中尉に北大営（奉天駅より約九キロ）西北側の王官屯と分遣隊（北大営西南約二キロに配置、長以下一二名）間の線路巡察兵の動作を監視するため出発を命じた。河本中尉は、伝令二名とともに午後九時ごろ中隊主力の位置を出発、まず王官屯において小杉（喜一）軍曹の率いる潜伏斥候の動作を監視したのち、九時三十分過ぎ、同斥候が線路巡察を行ない、分遣隊に向け帰還するのを監視しながら南下した。

奉天駅の北約八キロの柳条湖で満鉄の線路を爆破したのは、この河本中尉の一行である。河本中尉が小杉軍曹を伴って火薬を装塡し（川島中隊長談）、火薬は今田新太郎大尉が準備したといわれる。今田大尉と河本中尉が密接に連携し、現場を作りあげたというべきであろう。河本中尉は川島中隊長より計画を打ちあけられたとみられる。爆破は午後十時二十分ごろ行なわれたが、その直後奉天行列車が通過できたほど小規模なものであった。木村満鉄理事の談話では、下り線約七十センチ、上り線約十センチ爆破された痕跡があり、枕木の破損も二本にとどまり、破壊箇所は両側合計一メートルにも達しなかった。

夜間演習中、爆破音を聞いた川島中隊長は、ただちに演習を中止して分散していた部下を集結させ、鉄道沿線に沿って北大営方向に南下した。川島中隊が北大営西南地区に達したとき、同兵営西南側付近から射撃を受け、戦闘が開始された、と参謀本部戦史は叙述する（「満州事変作戦経過の概要」）。

奉天の独立守備歩兵第二大隊の島本大隊長、第二十九連隊の平田連隊長は、戦闘勃発の報告を受けると出動準備を急いだが、前にふれたように、十一時ごろ、特務機関で板垣参謀から北大営、奉天城攻撃の命令を受領したのである。

川島中隊（第三中隊）は北大営西北角付近の一部を占領して、大隊主力の攻撃のための拠点をつくり、以後、第一、第二、第四中隊等第二大隊主力が投入されて、午前六時三十分、北大営を完全に占領した。この戦闘での日本軍の損害は、戦死二名、負傷二二名であった。当時北大営には、王以哲の指揮する独立第七旅六八〇〇名が駐屯していたが、張学良の命令で不抵抗方針をとり、一部が抗戦したのみで大部分は戦火を交えることなく、死体三二〇(日本側の数字であるが、日本軍の死傷に比較し誇大と考えられる)を遺棄し撤退した。

奉天駐箚の第二十九連隊は、十一時板垣参謀より奉天城攻撃の軍命令受領後、午前零時四十分過ぎ屯営を出発、途中、市街で少数の中国兵を排除しながら前進し、午前四時三十分までに第二大隊は奉天内城西側城壁、第一大隊はその北側を占領した。奉天城内の中国軍も、戦うことなく城外に退去した。この間十一時過ぎには、かねて秘密裡に独立守備歩兵第二大隊兵営内に架置された二十四サンチ榴弾砲二門が北大営や東門外の飛行場に対し殷々たる砲声を四隣に轟かせながら発射された(川島談では、飛行場に向かって七、八発発射したが、飛行場には落ちず付近の官舎に落ち、北大営に射った三発は、兵舎と兵舎のあいだの営庭に落下した)。

本庄軍司令官は、九月十八日、遼陽の第二師団司令部の検閲を終え、午後二時過ぎ遼陽をたち、午後十時過ぎ旅順に帰還した。旅順の関東軍司令部へ奉天特務機関から第一報が届いたのは、午後十一時四十六分で、「十八日夜十時半頃、奉天北方北大営西側に於て暴戻なる支那軍隊は満鉄線を破壊、守備兵を襲ひ、馳け付けたる我が守備隊と衝突せりとの報告に依り奉天独立守備歩兵第二大隊は現地に向ひ出動中なり」(原文片仮名、以下同じ)という電報である。つまり板垣参謀は奉天においてすでに第二大隊および第二十九連隊に北大営、奉天城攻撃の下命をしたのち、司令部に報告したのである。旅順に帰還したばかりの本庄軍司令官、三宅参謀長、石原中佐はじめ各幕僚はただちに軍司令部に参集した。三宅参謀長は本庄軍司令官に、「自衛上且は国軍の威信保持上」奉天に軍主力を集中し、奉天付近の中国軍を撃破するのが至当であるとの判断を述べた。軍司令官は石原参謀の起案した命令案を見たのち、「むしろ武装解除程度の処置が適当ならずや」との意向を示した。しかし、本庄司令官は「沈思すること数刻にして支那軍膺懲《ようちょう》の断案」を下し、石原参謀の命令案を承認した。十九日午前一時三十分ないし二時のあいだに、重大な軍司令官命令が続々と発電された。これらの電報は三種に区分される。

第一種は奉天への兵力集中である。まず遼陽の多門（二郎）第二師団長に、「第二師団は速に全力を奉天に集中し該地の敵を攻撃すべし」と下命し、公主嶺《こうしゅれい》の独立守備隊司令官森中将へ、第一（公主嶺）、第五（鉄嶺《てつれい》）大隊主力を奉天に前進させるよう命令した。また鞍山の第六大隊長にも約二個中隊を奉天に集中し、第二師団長の区処を受けるよう指示した。

第二種は、奉天以外の要地への攻撃、占領命令である。つまり大石橋《だいせききょう》の第三大隊には営口、連山関《れんさんかん》の第四大隊には鳳凰城《ほうおうじょう》および安東《あんとう》の敵を駆逐、掃蕩のうえ占領するよう命じた。奉天における事件とまったく関係のない鳳凰城、安東、営口占領の目的は、朝鮮方面からの増援部隊の輸送維持と、錦州方面の中国軍に対し側背を安全にするためであった。さらに長春の長谷部旅団長に長春付近中国軍への攻撃準備を下命した。本庄司令官が占領を命じた安東は一四万六七一五人（二万二一〇八人）、営口は一〇万五五〇九人（二六三四人）、長春は一〇万六一五二人（一万六〇〇〇人）の人口を擁するいずれも南満州屈指の都市である（カッコ内は居留日本人数）。

第三種は、朝鮮軍への増援依頼の電報である。つまり林《はやし》（銑十郎《せんじゅうろう》）朝鮮軍司令官へ「……在奉天城我が軍は全力を挙げて交戦中にして苦戦の状況なり、軍は直ちに全兵力を奉天に集中し奉天を攻略するに決せり、成るべく速に増援隊を送られ度」と増援を依頼した。

ここにおいて、事件は奉天における軍事衝突から、一挙に南満州鉄道全域にわたる軍事占領へと発展した。軍司令官は、午前三時三十分旅順発の臨時列車に乗り、旅順の歩兵第三十連隊とともに奉天に向け出発した。

遼陽の多門第二師団長は、午前一時三十分、軍司令官命令を接受、歩兵第十六連隊を率いて遼陽を出発、午前四時四十五分奉天に到着した。そして第十六連隊には兵工廠および飛行場の攻略を、第二十九連隊にはひきつづき奉天内城を占領するよう命じた。第二十九連隊は、午前六時ごろには内城東側城壁の線に進出し、一部をもって主要なる官衙《かんが》、銀行等を占領し、一方第十六連隊も、午前八時二十分までには航空処、兵工廠を占領した。第二師団と独立守備隊（第五、第六大隊）は東大営への攻撃を展開、正午前後には、東大営および東陵兵営を占拠したのである。奉天の戦闘に参加した日本軍は将校以下三六四〇名、損害は戦死二名、負傷二五名で、中国軍の遺棄死体約五百二十とされている。また飛行機六〇機、戦車一二輌を鹵獲した。

奉天ならびに周辺で、日本軍は中国軍の不抵抗方針に乗じ、血腥い急襲を繰り返して占拠地域を拡大し、人口四十万の大都市を一挙に恐慌状態におとしいれたのである。

本庄司令官は十九日正午、恐怖の一夜が明けた奉天に到着した。途中午前八時四十分、大石橋駅で、旅順留守部から転電してきた林朝鮮軍司令官の二通の電報を受けとった。最初の一通は飛行二中隊（偵察、戦闘各一中隊）増援と、混成旅団の奉天派遣を準備中であることを伝えた。第二の電報は、歩兵第三十九旅団長の指揮する歩兵五大隊が出動準備完了しだい奉天に派遣され、その先頭部隊は午前九時半ごろ竜山出発の予定であると報じた。朝鮮軍が積極的な協力の姿勢を示したことは、本庄軍司令官はじめ関東軍の首脳を喜ばせた。「此間午前九時、大臣、総長に決心を報告し更に朝鮮軍より赴援するの報を得て嬉色に満ち刻々入手する快報、沿線歓呼の声に送られつつ遂に哈市迄進出するの決意を固むるに至れり」と片《かた》倉《くら》（衷《ただし》）参謀は日誌に誌した。沿線歓呼の声は、満鉄沿線都市に居留する日本人の歓送であり、哈市とは北満最大の都市ハルビンである。

奉天の事件とは直接関連がないにもかかわらず攻撃占領を命ぜられた営口、鳳凰城、安東は、いずれも独立守備隊によって本庄軍司令官が奉天に到着するまでに占領を終えていた。しかし、満鉄の北端、長春の事態はまだ混沌としていた。長春には約五千九百名の中国軍が南嶺、寛城子《かんじょうし》、城内に駐屯しており、突如たる日本軍の攻撃に強く抵抗した。日本軍は南嶺、寛城子の戦いで、戦死六六名、負傷七九名の損害を出し、同日ようやく両地を占領したのである。

本庄軍司令官は、旅順から引率した第三十連隊を長春に投入、同連隊は午後七時三十分長春に到着した。一方、朝鮮から派遣の混成第三十九旅団は、二十日払暁には奉天に到着の予定との電報が入った。このような状勢において本庄司令官は、満蒙問題の根本解決を実力行使によって計る決意を固めた。すなわち、機を失せず吉林、ハルビン等の中枢都市の占拠を実行しようとした軍司令官は、十九日午後六時、南陸相、金谷《かなや》（範三《はんぞう》）参謀総長にあて次のような意見電を発した。

「軍は主力を以て奉天附近の敵を掃蕩し、一部を以て営口、鳳凰城の敵の武装解除を断行し、更に長春附近の支那軍を攻撃中にして、全力を尽し南満鉄道の守備を完うせんとしつゝあり、目下判明せる我が死傷約八十名なり、事態茲に至れる以上、此絶好の機会に於て先づ軍が積極的に全満州の治安維持に任ずるは最も緊急なりと信ず、之が為平時編成三箇師団増援を必要と信ず、之に要する経費は満州にて負担し得ること確定なり」

全満州の治安維持、三個師団の増派、現地自給という重大な意見具申である。

奉天の総領事館には、午後十一時十五分、交渉署の日本科長から、日本兵が北大営を包囲しつつありとの情報が入ったが中国側は不抵抗主義をとる、と電話があった。つづいて十九日午前零時の日本科長の電話でも、不抵抗主義をとることが強調された。林総領事は、板垣参謀に電話して、日中両国はまだ正式に交戦状態に入ったわけでなく、中国側は全然不抵抗主義をとると声明しているので、この際不必要に事件を拡大しないよう努力することが肝要であると、外交機関を通しての事件の解決を勧告した。板垣参謀は、「国家及軍の威信に関するを以て外国居留民の保護には努むべきも、中国軍は我軍を攻撃せるを以て徹底的にやるべしとの軍の方針なり」と答えた。

林は、関東軍が満鉄沿線各地にわたって一斉に積極的行動を開始する方針であることを察知し、政府が大至急軍の行動を差し止める措置をとるよう幣原外相に上申した。臧主席や交渉員からも、中国側が不抵抗主義をとり、商埠地等の公安分局を日本軍の占領に委せているのに、日本軍は機関銃や小銃を発射して、無抵抗の軍民に危害を加えていると抗議があった。満鉄が修理のため爆破地点に派遣した線路工夫は、関東軍のため現場に近づくことを許されなかったと、木村理事から伝えてきた。諸般の情勢を検討して、林総領事は、十九日午前、「今次の事件は全く軍部の計画的行動に出でたるものと想像せらる」と幣原外相に打電した。

東京──若槻内閣

陸軍中央部に事件勃発の電報が届いたのは、十九日の午前一時七分であった。特務機関の花谷少佐が十八日午後十一時十八分に発信したもので、中国軍の満鉄線の爆破と、第二大隊の出動を報じた。午前三時到着の第三報で、板垣先遣参謀が北大営の敵の掃蕩、奉天城攻撃、第五大隊の増援などの措置をとったことが伝えられた。板垣を先遣参謀とした点が注意される。南陸相や金谷参謀総長をはじめ軍の中枢部は、十九日早暁、事件勃発の報告を受けた。参謀本部では、午前七時より陸軍首脳が鳩首対策を協議した。参集したのは、陸軍省から杉山次官、小磯《こいそ》（国昭《くにあき》）軍務局長、参謀本部から二宮《にのみや》（治重《はるしげ》）次長、梅津《うめづ》（美治郎《よしじろう》）総務部長、今村《いまむら》（均《ひとし》）第一部長代理、橋本《はしもと》（虎之助《とらのすけ》）第二部長等である。この会議で小磯軍務局長は、「関東軍の今回の行動は全部至当の事なり」といったが、だれも反対しなかった。同時に兵力増援の必要性も了承され、今村二課長が計画を樹立することになった。

八時半になると、林朝鮮軍司令官より、飛行隊二中隊を増援させ、さらに混成一旅団の奉天派遣を準備中との電報が入った。十時十五分には、第三十九旅団が十時ごろより鉄道輸送を開始するとの報告も続いた。国外出兵の場合は、「閣議において経費支出を認めたのち、奉勅命令の伝宣」（「満州事変機密作戦日誌」九月十九日）の手続が必要なので、林朝鮮軍司令官の措置は妥当を欠くと参謀本部は考え、金谷総長も朝鮮軍の独断的行為には不満の意を洩した。

一方、十時に、若槻内閣は緊急閣議を召集した。閣議に入るまえ、若槻首相は、南陸相に関東軍の行動は真に軍の自衛のための行動かと念を押し、南は「固《もと》より然《しか》り」と答えた。閣議は南陸相が情況を説明したのち、幣原外相が外務省側で得た各種の情報を朗読した。「機密作戦日誌」の表現をかりれば、「外相の言辞はそれとなく今回の事件は恰《あたか》も軍部が何等か計画的に惹起せしめたるものと揣摩《しま》せるものゝ如かりし」であった。南陸相は幣原外相の疑惑や閣議の空気のため、朝鮮からの増援部隊の派遣を提案することができなかった。閣議は事態を現在以上に拡大しない方針をきめて散会した。

陸軍としては、閣議承認、奉勅命令発出、朝鮮軍の出動という順序を考えていたのであるが、増遣案を閣議に提案し得ず、また閣議の方針が不拡大にきまったので、とりあえず午後十二時三十分、金谷総長は林朝鮮軍司令官に、「関東軍増援の件、奉勅命令下達まで見合されたし」と増援行動の中止を電報した。平壌の第三十九旅団長、新義州守備隊長にも部隊が国境を越えて満州に入るのを中止するよう電訓された。午後二時から三時のあいだに開かれた陸軍三長官会議（南陸相、金谷参謀総長、武藤教育総監）で南陸相は、閣議決定の「時局を現在以上に拡大せしめざる様努む」の方針に同意したと語り、金谷総長も「事こゝに至れるは已むを得ざるところなるも速に事件を処理して旧態に復するの必要あり」との所見を述べた。

この総長の旧態に復するという見解に、今村第二課長は不満であった。今村は「矢は既に弦を放れたるものなり、之を中途に抑えて旧態に復せんとすれば軍隊の士気上に及ぼす影響大にして国軍の為由々しき大事なりと信ず、此際万難を排し、国家国軍の威信を保持し、大目的の達成に懸命の努力を要す」と具申した。しかし結局金谷参謀総長から、本庄関東軍司令官にあて次の電報が発せられた。

一、九月十八日夜以後に於ける関東軍司令官の決定及処置は機宜に適したるものにして帝国軍隊の威重を加へたるものと信ず

二、事件発生以後の支那側の態度等に鑑み事件処理に関しては必要の度を超えざることに閣議の決定もあり従て向後軍の行動は此主旨に則り善処せらるべし（十九日午前三時前

後発）

　この電報は、十八日夜以来の関東軍の行動を是認したこと、閣議は今後の事件処理に関しては必要の度を超えない方針であることを伝えたものであるが、しかし金谷総長の「旧態に復する」という意図はふくまれず、閣議方針も「必要の度を超えざる」ときわめて曖昧な表現がなされた。同日午後、二課は「関東軍の態勢を旧状に復するのは、断じて不可」という善後策を起案し、参謀本部首脳会議の了承を得た。それは関東軍出動後の現在の態勢を維持することが、満蒙問題の主体的解決のための良好な素因になるという判断を示していた。出動後の状況を維持したまま、中村大尉事件や今次の鉄道爆破事件の解決を計り、また懸案である吉会（吉林―会寧）、長大（長春―大賚《だいらい》）等、軍事的に重要な鉄道の速成を中国側に承諾させるという内容であった。そして、もし内閣が関東軍を旧状に復させようとするならば、陸軍大臣は職を賭すべきであり、そのため政府が瓦解しても「聊《いささか》も懸念する要なき」という強い方針が確認された。

　翌二十日、午前十時から開催された杉山陸軍次官、二宮参謀次長、荒木教育総監部本部長の首脳会談は、「軍部は此際満蒙問題の一併解決を期す、若し万一政府にして此軍部案に同意せざるに於ては之に原因して政府が倒壊するも毫《ごう》も意とする所にあらず」との強硬方針を確認し、関東軍を旧態勢には断じて復帰させないことを申し合わせた。陸軍中枢部は関東軍に呼応していよいよ本格的な対満政策を推進し、政府を崩壊させても方針を貫徹する態度を明白にしはじめた。

朝鮮より増援の第三十九旅団が、二十日早暁から午後二時ごろまでに奉天に到着する予定で、以後の軍配置、作戦計画を樹立していた関東軍は、第三十九旅団が参謀総長命によって、国境新義州で待機させられたことを知り、大きな衝撃を受けた。花谷少佐は二十日夜森島領事を訪れ、今回朝鮮軍の越境が中止されたのは、森島が中国側の不抵抗主義を本省に打電したためであるとし、「我正当なる自衛権の行使を阻止するが如き軟弱外交は国家を誤るものなりと憤慨激越し腕力にも及ばん」とした。

関東軍は奉天に事実上の戒厳令を布き、二十日土肥原《どいはら》（賢二《けんじ》）特務機関長を奉天市長に任命した。そして多門第二師団長を長春に前進させ、ハルビン、吉林に赴援の準備をさせた。同日夜、吉林居留民会長より、吉林の情勢が緊迫しており、至急現地保護の途を講ずるよう、電報が本庄軍司令官に寄せられた。吉林は長春から東へ一二七キロ離れた人口十九万の都市で、吉林省政府の所在地である。ここには日本人一千人、朝鮮人一万七千人が居留していた。吉林出兵の可否について本庄軍司令官と幕僚たちの意見は対立した。板垣、石原両参謀をはじめ幕僚は再三吉林出兵を軍司令官に説いたが、本庄の承認を得られなかった。おそらく本庄は中央の不拡大方針を遵守しようとしたのであろう。しかし板垣参謀は連袂《れんべい》辞職も辞せずと強硬に主張を貫徹し、本庄司令官は二十一日午前三時、ついに吉林出兵を多門第二師団長に下命した。そして約三時間後の午前六時になって、中央に「閣議の次第あるも今や戦闘の結果として当軍の責任上真に已むを得ざる応急策と認め独断之を処理せり」と吉林出兵を打電した。

吉林出兵は居留民保護を名目としたが、板垣らが吉林出兵を強行した真の理由は別にあった。吉林出兵の結果、南満における関東軍の兵力がきわめて薄弱化し、満鉄沿線の守備も困難となり、関東軍を危地におとしいれるので、朝鮮軍司令官は関東軍司令官の苦衷《くちゅう》を諒察《りょうさつ》し、独断でも増援するであろうという、朝鮮軍の越境をやむなくさせるための措置であった。朝鮮軍の出動が実現すれば、軍中央も満蒙問題の根本的解決に向かうと予期したのである。

関東軍は吉林出兵決定と同時に、朝鮮軍に増援を依頼した。その結果、期待したごとく、混成第三十九旅団（将校一四一、下士兵二八三九）は、奉勅命令を待たず、二十一日午後一時、独断越境、奉天に向かった。片倉参謀は、朝鮮軍越境の報に、「軍司令部の空気は頓《とみ》に嬉色溢れ、朝鮮軍に感佩《かんぱい》するもの多し」と日誌に誌した。朝鮮軍が越境しなければ、結局張作霖爆殺事件の二の舞程度となり、満蒙解決は水泡に帰すると、関東軍首脳は憂慮していたのである。

第二師団主力は、居留民保護を名目として、二十一日午前十時、装甲列車を先頭に長春駅を出発、吉林に向かった。しかし、吉林軍主力は戦わずして退去したので、第二師団は、午後五時過ぎ、無血裡に吉林を占領した。

朝鮮軍第三十九旅団の独断越境の情報が参謀本部に届いたのは、二十一日午後三時半であった。午前十時から開かれていた閣議は、まだえんえんと続いていた。閣議は満蒙問題をこの際一併解決するという点では一致したが、関東軍を出動の現状のままとするか、旧態に復帰するを可とするか、意見は半数ずつに分かれ、若槻首相の決定にゆだねられた。朝鮮軍より増援部隊を派遣する必要を是認するものは、南陸相を除けば首相だけで、安保《あぼ》（清種《きよかず》）海相もふくめて他の全閣僚が反対した。しかし、朝鮮軍の独断越境により事態は急転した。陸軍中央は、林朝鮮軍司令官の措置は大権干犯でないとの方針をとり、大権の発動でこれを追認しようと決定した。そして閣議が出兵を認めない場合は、帷幄《いあく》上奏を行ない、もし允裁《いんさい》を得ない場合は、総長、大臣の順で辞表を提出することになった。

翌二十二日午前の閣議は、朝鮮軍の独断出動については、「閣僚の全員不賛成を唱ふるものなく、然れども亦《また》賛成の意志を進んで表示したるものなし」という状況で、ただすでに朝鮮軍が出動した事実は認め、この事実を認めた以上、これに要する経費を支出することを同意した。そしてこの旨、若槻首相が参内、上奏した。金谷総長、南陸相も、部隊の満州派遣を上奏して允裁を得、ただちに関東軍、朝鮮軍両司令官に奉勅伝宣したのである。

この二十二日閣議の措置について、「機密作戦日誌」は、「本日の閣議に於て満州に向ひ新に朝鮮より増兵したる件に就き閣僚の全員何等賛否を述べず、唯其事実を認めたる事は将来の為例として適用するに極めて可なることとなり、何となれば兵力の派遣に関しては、閣議に於て兎《と》や角論議せらるべき限りにあらずして、唯其事実を認めて経費の支出に関し議決すれば可なるものなりとの見解を裏書するものとす」としているのは、注目されなければならない。つまり、軍事行動の発動に対し、閣議はその事実を認めて経費を支出するという役割を果たすのみで、軍事行動自体は閣議における論議の対象とならない、という統帥権を基底とする軍独特の思考を表示しているのである。

二十三日午前、杉山次官、二宮次長、小磯軍務局長、荒木本部長の四者会談は、今村二課長が立案した関東軍の軍事占拠の範囲についての案を承認した。この占拠案は、東四省がほとんど無政府状態になっているのに鑑みて、関東軍の本来の任務の遂行、また軍自体の安全を保護するため、満鉄の外側に警戒部隊を保持することが必要であることを認めたものである。そしてその最小限度として

(イ)、西方面に対しては、おおむね遼河の線、すなわち鄭家屯、新民屯《しんみんとん》、営口にわたる線

(ロ)、東方面に対しては、吉林、海竜の線

を確保するを要するとした。また中国側の軍事的態度およびその他の排日行為の景況によっては、その警戒線をさらに外部に拡大して、

(イ)、西方面においては洮南、通遼、打虎山の線

(ロ)、東方面においては敦化および間琿地方

を軍事的に占領するを必要とするというのであった。そしてハルビンや間島地方への出兵は、同地の外交官憲の請求を待って大権の発動によって行動を開始するので、万一この間に重大な事態が発生しても軍は責任を負わないという案である。

しかし、南陸相はこの省部中枢の同意した案に強く反対した。南陸相は翌二十四日午前、参謀本部に金谷総長を訪ね、むしろ反対に、満鉄の外側占領地点から出動部隊を引き揚げるよう総長の同意を求め、総長もこれを認めた。陸相、総長会談中、満州に出張中であった建《たて》

川《かわ》（美次《よしつぐ》）第一部長が帰国出勤してきて、二宮参謀次長とともに、総長、大臣を説得しようとしたが、両大将とも翻意しなかった。南、金谷がこのように意外に強い態度を固持したのは、二十三日午前九時半、天皇から若槻総理に対し、不拡大の政府方針は至極妥当と思うから、その趣旨を徹底するように、との言葉があり、若槻がただちにその日の閣議で天皇の言葉を披露したのに基づくのではないかと推察される。

付属地内への外側部隊引揚げの命令は、二十四日午後四時四十分、関東軍にあてて発せられた。その主要な点は、「軍事的行動が一段落をつげたる今日、貴軍は逐次外側の小部隊を併合し、鄭家屯、新民屯、および敦化は固定的配置を避け、また吉林は同方面の情況これを許さばなるべく速かに撤退し、軍の主力を南満線上に保持して動かざることを以て、中外に対し軍の公正なる態度を表明し」云々という訓令であるが、さきの否認された案の立案者である今村二課長の起草したものである。同時に関東軍の熱望しているハルビン出兵は、事態が急変しても実施しない旨が通達された。

ハルビンでは、二十一日夜、日本総領事館や朝鮮銀行入口に爆弾が投下され、居留民は不安のため動揺したが、これらは甘粕正彦《あまかすまさひこ》らが、出兵の原因をつくるため画策したものであった。ハルビン進撃の中止を命じた二十四日夕刻の電報は関東軍首脳部を失望させた。片倉参謀は、「噫、政府の真意那辺に在るや、陸軍大臣は何故政府と正面衝突を敢行するの決意を以て当らざるや、今や『断』の一字の外時局を収拾する何者をも存せず、幕僚間或は憤慨し或は嘆息し軍司令官亦沈痛の体なり」と日誌に誌した。

越境した朝鮮軍の第三十九旅団（旅団長嘉村《かむら》達次郎《たつじろう》少将）は、二十一日夜、奉天に到着、翌日午前、歩兵第十五旅団に代わって奉天城内外の警備に当たり、その一部は鄭家屯および新民東方の遼河鉄道橋に派遣された。第十五旅団は午後奉天を発し、長春に移駐し、第二師団の隷下に復帰した。

　奉天の城壁の上には日章旗がたてられ、長官公署、交渉署、財政庁、教育庁の官衙をはじめ、各銀行、会社の門前には「日本軍占領」と大書した紙が貼りつけられ、日本軍の歩哨が警戒に当たっていた。しかし不安におびえた中国人民衆は、続々と皇姑屯《こうことん》駅から北寧線に乗って避難を始めた。九・一八直後、約一万人の中国人が、列車に満載されて恐怖の奉天を離れ、平津地方へ逃れたのである。

　これと対照的に関東軍の実力行使を歓迎したのは在留日本人であった。全満日本人大会が二十一日午後六時より奉天公会堂で開催され、約六百人が参加し、「国際信義を無視し日本帝国の権益を侵害する支那の暴状はその極に達し、遂に我が南満鉄道を破壊し我が守備隊を攻撃するに至れり、此処において我が関東軍は自衛上軍事行動を開始せり、這《こ》は日本が満蒙権の確保上当然の処置なり……宜しく世界人道平和のため、この機に際し全満州の軍事占領を断行すべく挙国一致もって皇軍の活動を掩護す、それ皇軍今次の行動を非難し或はこれを阻止するものあらば宰相と雖《いえど》も非なりと論ず」（傍点著者）という決議を行なった。参加者はただちに軍司令部や総領事館に赴き、決議文を手交したうえ、付属地東南部の奉天会戦忠魂碑や奉天神社に参拝し、午後十時ごろ散会した。

奉天では、土肥原特務機関長が市長に就任し、日本人による臨時市政が始まった。秘書＝富村準、総務課長＝庵谷忱（奉天商業会議所会頭）、警務課長＝鶴岡栄太郎、財務課長＝三谷末次郎（居留民会副会長）、衛生課長＝守田福松（居留民会長、医師）等のメムバーである。

臨時市政公署は、九月二十二日より事実上の事務を始め、また憲兵隊指導のもとに当初六百名の自衛警察が組織されて、市内の秩序維持に当たった。二十四日には、袁金鎧《えんきんがい》（東北政務委員会委員長）を中心に遼寧地方維持会が組織され、秩序維持、金融、商業の復旧に当たった。二十八日には九・一八以来閉鎖中であった中国、交通両銀行も開店した。一方、奉天市内では中国共産党の活動も行なわれていた。二十五日には満鉄付属地北一条通の電柱に瀋陽反日会の名義で「我等が帝国主義の為に斯くの如き惨殺を受けたることは全く是れ国民党軍閥が投降したる結果なり、起ちて帝国主義に通謀せる国民政府を打倒せよ」との貼紙が出された。そして二十七日からは党省委員会の「日本帝国主義満州武力占領に付日本兵士達に告ぐ」と題する宣伝ビラも配布された。このビラには「詰らぬ惨殺を互に止めて意識ある階級闘争に引き換へよ」などがうたわれ、最後には「中・日・韓の工農兵大連合万歳、全世界無産階級革命万歳」で結ばれていた（関東庁警務局「満州共産主義運動の概観」昭和六年十月）。

栄臻《えいしん》東北辺防軍参謀長や王以哲第七旅長は、事件以後、城内に潜伏していたが、二十日、平服で城外に出て、同日午後五時、奉天脱出に成功した。日本軍は当初、文官は逮捕しないと称したため、臧遼寧省主席、袁金鎧、金毓紱《きんいくふつ》教育庁長官はこれに惑わされ、日本軍に抑留されたのであった（『中日外交史料叢編』五）。

上海において国民政府との折衝に当たっていた重光公使は、二十四日、幣原外相に「今次軍部の行動は所謂統帥権の観念に基き政府を無視せるものゝ如く、折角築き上げ来れる対外的努力も一朝にして破壊せらるるの感あり、国家の将来を案じて悲痛の感を禁じ難し、此の上は一日も速《すみやか》に軍部の独断を禁止し、国家の意志をして政府の一途に出づることとし、軍部方面の無責任にして不利益なる宣伝を差止め、旗幟を鮮明にして政府の指導を確立せられんことを切望に堪えず」との電報を送ったが、この後、事態はどのように展開したであろうか。

政府は、二十一日の閣議で「九月十八日夜支那兵の満鉄爆破に因り生起したる今回の事件は之を事変と看做す」ことを決定した。

張学良と蔣介石

東北辺防軍司令長官張学良は、九・一八当時、十万の兵を擁して北平にいた。

事件の勃発を臧遼寧省主席や栄臻参謀長の電報で知った張学良は、顧問のドナルド（W. H. Donald）に、深夜にもかかわらず、ジョンソン米公使やランプソン（M. Lampson）英公使に日本軍の攻撃を電話させた。ドナルドは、張学良が奉天の中国軍に、兵営内にとどまり兵器を格納し、報復措置をとらないよう命令したことをイギリス、アメリカ公使に伝えた。

十九日早朝から、張学良は各方面に活動を開始した。日本の矢野《やの》（真《まこと》）参事官のもとには腹心の湯爾和《とうじわ》を派遣した。湯は、中国側の情報では、事件に林総領事や満鉄は関係ないとみられること、林総領事から軍事行動は制止し得ない旨回答があったことを伝えたうえ、「本件背後には或は民政党内閣を倒さんとする政治的陰謀あるにあらざるかと推せらる。何れにするも本件の勃発は自分等に於て折角努力し来れる親善関係を根底より破壊するに至るべく遺憾至極なり」と述べた。翌二十日、張学良は自身矢野参事官と会見、日本軍は奉天のほか営口、長春、安東等を占領したようだが、いかなる理由によるかまったく諒解に苦しむと抗議した。

張は、十九日午後二時半、協和医院（張学良はチブスの予後を療養していた）で日本の新聞記者に、「昨夜奉天からの報告に依つて日支の衝突を知つたが、これに抵抗の力無く又戦ふべき理由もないので絶対抵抗せず日本軍の為す儘に委せよと厳命しておいた」と語った。

張学良が、日本軍の攻撃に対し、数的には日本軍にくらべ圧倒的な優勢をほこっていた部下の東北軍に絶対抵抗を禁じ、むしろ撤退を命じたのは事実であった。張はすでに九月六日、日本軍の挑発には慎重に対処し、衝突を避けるよう奉天の栄臻参謀長に指示していた。九・一八夜、王以哲第七旅長が北大営への日本軍の攻撃に対処するための指示を求めたのに対し、栄臻参謀長がただちに不抵抗、事態不拡大の方針を伝えたのは、この張学良の指示によるものであり（『中日外交史料叢編』五）、事件勃発後も、張は一貫して不抵抗を命じた。

張がもっとも憂慮したのは、日本軍に応戦することによって戦火が拡大し、その結果張軍閥の本拠である奉天をはじめ、東三省が日本軍によって占領されることであった。もし戦火が拡大し、日本政府が大規模な出兵に踏みきれば、東北軍の敗北、張の軍閥的地盤の喪失をみることは、ほぼ明らかであった。一方、当時共産軍の討伐に全力をあげている国民政府が、その軍隊を北上させ、張学良軍を支援することは事実上不可能であった。それは共産軍の揚子江流域支配への途を開くからである。また、もし万一国民政府中央軍が北上し、日本軍と戦闘する張学良軍を援助したとしても、これら中央軍が自己の地盤である満州に入ることは、張学良の歓迎するところではなかった。張としては、日本軍の攻撃に対し東北軍に不抵抗を命じ、事態の拡大を防ぎ、東北の自己の地盤の維持確保を計ることが唯一の道と考えられた。張はアメリカ、イギリス等列強による日本の行動牽制を重要視した。

十八日深夜、ドナルドが電話でイギリス、アメリカ公使に事件の勃発を知らせたのにつづいて、十九日朝、張学良の外交顧問顧維鈞《こいきん》は、ジョンソン米公使、ランプソン英公使を訪問、連盟規約、不戦条約（ケロッグ＝ブリアン条約）、九箇国条約等に言及して、アメリカやイギリスが日本の軍事行動に対し、これらの諸条約を発動するか否かを打診した。ランプソン英公使は、個人的な見解として、イギリスは日本とも密接な友好関係にあるのでいかなるイニシアティブもとらないであろうと述べた。ランプソンは、ノー・レジスタンスという張の方針は賢明であるとも語った。

日本軍の奉天その他各地の占領によって兵工廠や機関銀行を失い、兵器、軍費の供給の源泉を喪失したのは、張学良にとって大きな打撃であった。張は、東北辺防軍司令長官公署および遼寧省政府が奉天で執務することが不可能となったので、当分錦州に移転すると、二十三日、各方面に通告した。そして財政庁も錦州に設置し、錦州が以後満州における日本軍への抵抗の拠点となった。

国民政府主席蔣介石は、九・一八当時、共産軍攻撃のため江西省南昌に行き、陣頭指揮をしていたが、日本の東北侵攻のニュースで急遽二十一日南京に帰り、対策を政府首脳と協議した。蔣が南京に帰る前、行政院副院長宋子文《そうしぶん》は、重光公使に接触していた。

九・一八当時、駐華公使重光葵は上海にいたが、十九日午前、宋子文は重光に会見を求めた。宋は、個人としてではあるが、日中両国からそれぞれ三名くらいの有力な委員を選定し、この事件の調査、処理に当たらせ、日中両国および両国民の被害を少なくしたい、と重光に提案した。重光はこの提案はやりようによっては好都合と考え、日本政府の意向を打診することを約した。宋は重光から事件の説明を聞いたのち、「日本政府が軍部及之に関連せる力を抑へ得るや否やが自分の最も心配し居りたる処なるが、今や一層此感を深うす」との印象を語った。さらに宋は、日本軍が突如行動を起こし、奉天その他を占領したことは、中国全体に非常な衝撃を与え、極端な排日行為が勃発することも想像にかたくなく、政府としてもこれら民衆の動きにフォースされて、「いかんともすべからざる破目に陥るおそれがある」と述べた。

翌二十日開かれた国民党中央執行委員会は、各省市の党部に対し、日本は、中国の内憂、天災に乗じ突如大軍で奉天、長春、安東、営口の各地を占領したが、このような野蛮暴虐の行動は世界の歴史にほとんど先例がないとの通電を発し、全国民の奮起と救国の努力を促した。内憂とは、共産軍の脅威を主として指すものとみられ、天災とは、当時湖南、湖北、河南、安徽を襲い、三千万の罹災者を出した揚子江の大水害のことである。広大な被災地では、餓死者が数えきれなかったのみならず、チブス、コレラも蔓延し、悲惨な状況にあった。このようなときに日本が東北を侵略したのは、関東大震災のとき日本に攻撃をかけるようなものだと、ある中国人ジャーナリストは語った（Bing-Shuey Lee, *Two Years of Undeclared War.*）。

重光公使は、宋子文の提案を主義とし賛成するよう、二十日、ふたたび外務省に電報した。重光の要請もあり、幣原外相は二十一日、宋子文提案の委員会組織を承認すると重光に電訓した。

南京の上村《かみむら》（伸一《しんいち》）領事は、重光の指示により二十二日宋子文と会見し、日本は宋の委員会組織案を受諾すると告げた。しかし宋は、状況の変化を理由にこの案を拒否した。つまり、十九日の段階では、本事件が地方的なものにすぎないと考えたので、私案として委員会組織を提案したが、現在は満州全般にわたり戦争状態となり、日本軍は政府の不拡大方針にもかかわらず、長春さらに吉林までも占領した、「右の如き状態にては果して日本の内閣が陸軍をよく制禦し得るや否や疑惧の念なきを得ず、依て此際仮令委員会を組織するも日本軍が原駐地に撤退せざる限り委員会は到底安心して充分其仕事を進め得ざるのみならず、日本軍の撤退前委員会を組織し話を進むることは現在の中国側の空気にては到底実行し得ざることを発見せり」と、宋は拒否の理由を述べた。つまり若槻内閣の軍統制能力への疑惑から、日本軍が原駐地へ撤退しないかぎり、委員会を組織しても効果なく、かつ中国の国内輿論がそれを許さないというのであった。

国民政府はもちろん強い抗議を日本に提出した。東京の江（華本）中国臨時代理公使は、二十日、日本軍の行動は不戦条約に違背すると抗議し、攻撃の全面停止、原駐地への撤退を要求した。

急遽南昌から南京に帰った蔣介石は、広東政府（この年五月、反蔣各派が広東に樹立した政府で、汪兆銘《おうちょうめい》、林森《りんしん》、孫科《そんか》などが参加した）に対し、一致して国難に当たることを提唱し、妥協を申し入れた。その結果、九月二十八、九日、両派の代表（南京側は陳銘枢《ちんめいすう》、張《ちょう》継《けい》、蔡元培《さいげんばい》、広東側は汪兆銘、孫科）は香港で会議を開いた。そして蔣介石が下野を声明すると同時に、広東も独立取消しの通電を発し、そのうえで統一会議を開き、新統一政府を組織することに意見の一致をみた模様であった。

広東では、事変後いち早く外交部長陳友仁《ちんゆうじん》が須磨《すま》（弥吉郎《やきちろう》）総領事代理に接触してきた。広東政府は、各国、ことに日本から南京政府の承認撤回と、広東政府の事実上の政府としての承認を得たうえで、満州問題について、次のような解決策を提示する意向であると陳は須磨に伝えた。

この解決案は、南満州に委員会を設け、満州統治の経験もあり、識見輿望《よぼう》ともに高い唐紹儀《とうしようぎ》を委員長とし、満州統治の実を挙げさせ、中国軍隊は治安維持に関係あるもの以外満州に置かず、主として日本軍隊の警備に依頼し、同地方に地方統治の模範政府を実現させるというのである。陳はなお私案として、中央統一政府に外交部に関連する一局を設けて、この委員会の施政を監督することとし、名実ともに満州を中央政府下の一地方とすることもつけ加えた。張学良の軍閥政権を満州から排除し、満州の中央化を計るとともに、同地方を一種の特殊地帯とする案であるが、幣原外相は時期の機微なことを理由に、陳の提案に意見を開示することを避けた。広東政府は、満州事変の勃発を蔣介石打倒のための好機ととらえ、種々画策を急いだのである。

日本の満州での軍事行動発起にもっとも鋭敏に反応したのは、北平、上海の学生たちであった。北平や天津には、九・一八以来、東北から飢えた避難民たちが続々と流れこんできたが、そのなかには多くの学生も含まれ、彼らの日本軍侵略の訴えは、北平の学生界に強い刺戟を与えた。清華大学の学生は即時対日宣戦布告を要求し、燕京《えんきよう》大学の学生も、全日本商品のボイコット、学生への軍事訓練実施を主張し、必要のときは前線にみずから赴くと請願した。上海では早くも二十日、滬江《ここう》大学の学生が司会して、三十数校から百名以上の代表が集まり、上海学生抗日救国会が組織された。二十五日、学生抗日救国会は、五十人の代表を南京に派遣し、対日不抵抗方針の廃棄を要請、上海市国民党党部もこれを後援した。もし請願が採択されなければ、大衆動員をかける手はずとなっていた。

南京では二十八日、上海復旦《ふくたん》大学の代表、それに四千人を超える南京の学生が国民党党部にデモを行なった。「日本帝国主義打倒」「不抵抗方針打倒」「王正廷外交部長の辞職」などがデモのスローガンとなった。中央党部では于《う》右任《ゆうじん》（監察院院長）、さらに蔣介石も学生を引見、慰撫につとめた。その後外交部に赴いた南京中央大学の学生は、外交部長王正廷をとり囲み、殴打して重傷を負わせるにいたった。王は対日不抵抗方針の責任者とみられ、また日本の軍事侵略開始の警告があったにもかかわらず、九・一八当時西湖に遊んでいたという噂がひろまっていたのである。

王は九月三十日外交部長を辞職し、国際連盟代表施肇基《しちょうき》がその後任に決定したが、施の帰任まで外交部政務次長の李錦綸《りきんりん》が外交部長を代理することになり、十月三日発令された。

対日宣戦布告を要求する学生運動の昂揚に国民政府、党部は対策に苦慮した。対日全面戦争は、共産軍対策や大水害救済に忙殺されている国民政府のなし得るところではなく、一方、愛国的な学生運動を弾圧することは、彼らに国民党への信頼を失わせ、共産党の影響力を深める結果となることは、明らかであった。また同時に広東派の蔣下野の画策に有利な材料を提供する結果になることも予想された。学生運動の帰趨は大きな政治問題に発展する可能性をふくんでいた。

列国の反応

満州で日本が軍事行動を開始したという情報に対してアメリカ国務省首脳がまず考慮したのは、不戦条約（一九二八年）との関係であった。一九二九年の同じ満州における中ソ紛争にアメリカが干与した記憶はまだ新しかった。十九日の記者会見で、早くもスチムソン(H. L. Stimson) 国務長官は、日本政府が動かないかぎり、満州での日本の軍事行動が、不戦条約に違反するとは考えない、上官の命令に服さない兵士による騒乱は、軍事行動とは異なると説明し、なお今後の展開を待つと談話した。国務省のホーンベック (S. K. Hornbeck) 極東部長も二十日、アメリカとしては、今度の事件に対しアメリカのイニシアティブで不戦条約を発動したりすることは避けるべきで、不戦条約が侵犯されたか否かの判定は、日中双方が加入している国際司法裁判所にもちこむのがよいと考えた。

アメリカの満州における経済活動はスタンダード石油と英米煙草の二社が主要なものであった。在留米人は、奉天に一〇九人、ハルビンに九五人、大連に約五十人等で、一九二九年度の対満輸出は一二〇〇万ドル、満州からの輸入は五〇〇万ドルにすぎなかった。

スチムソン国務長官は、日本政府自体がこの軍事行動にどれほど干与しているかに重大な関心をもった。南陸相は相当関係しているが、旧知の若槻首相や幣原外相が全力をあげて軍部を抑制し、不拡大、増援部隊の派遣阻止につとめている状況も彼は知っていた。

二十二日朝の閣議で、スチムソンは、満州の事態について説明し、今後の対処方針として、日本に我々が日本の行動を監視していることを自覚させること、同時にそれを軍部に対抗している幣原外相を援助するような方法で行なうことをあげ、フーバー (H. Hoover) 大統領も了承した。午後、スチムソンは出淵《でぶち》（勝次《かつじ》）大使をよび、日本が事態を旧状に復さなければ、アメリカ輿論は重大化すると警告し、自分は幣原外相の平和と正しい国際関係樹立への努力を全面的に信頼していると告げた。

北平のジョンソン公使からは、九・一八事件は、日本が長期にわたって準備した計画を慎重かつ組織的に実施したものである、との報告が到着した。二十一日も二十二日も、九五度（華氏）を越す猛暑がワシントンでは続いていた。この炎暑のなかで、スチムソン国務長官の長い苦闘が始まったのである。

ロンドンの反応はどうか。北平のランプソン公使や、東京のリンドレイ（F. Lindley）大使からの報告が続々とロンドンに到着した。ランプソンは、中国がなんらの利益をもたらさない軍事衝突を惹起する理由がないとし、リンドレイも、九・一八事件は、中国軍の鉄道爆破を口実とした関東軍、あるいは参謀本部の計画であると推測した。しかし、リンドレイ駐日大使は同時に、中国側が執拗に満州で日本の条約上の権益を脅かしていた事実、また日本の満州での行動がイギリスの中国における権益擁護によい影響をもたらすことについてレディング（R. D. I. Reading）外相の注意を喚起することを忘れなかった。

マクドナルド（R. MacDonald）内閣は、深刻な財政的危機に直面していた。九月二十一日、イギリスはついに金本位制を停止するにいたり、その善後対策に忙殺されていた。インドの情勢もきわめて不穏なものがあった。イギリス外務省は、このような状態で満州に起きた事件に干渉するのは「もっとも不賢明」と判断した。むしろ当時ジュネーブで開かれていた国際連盟が満州事変対策の主導権をとることを、イギリス政府首脳は期待した。

満州の事態にもっとも直接的な関心をいだかざるを得なかったのは、国境を接し、かつ東支鉄道の権益をもつソビエト連邦であった。柳条湖事件勃発の翌十九日、早くも外務次官カラハン（L. M. Karakhan）は、広田（弘毅）大使に、日本軍は寛城子（長春）を占領したとの報道があるが、同地は東支鉄道の終点であり、ソ連としては事態の発展を憂慮していると告げた。二十二日、ハルビンへ日本軍出兵という報道に接したリトビノフ（M. Litvinov）外相は、ソ連国民の輿論が昂奮しつつあり、政府は極力その鎮静につとめていると広田に伝えた。リトビノフは、日本の今度の軍事行動は長期間にわたって準備されたもので、中国軍の満鉄線路爆破などは単なる口実にすぎないとみた。日本の行動は明らかに不戦条約に背反しているが、同条約違反問題は関係列強によって提起されるべきであると、リトビノフは二十四日ストラング（Strang）英大使に示唆した。

このように九・一八の直後、アメリカ、イギリスあるいはソ連も、ただちに日本の軍事行動に積極的に対応しようとしなかった。そして、ジュネーブの国際連盟理事会の動きが当面の焦点となってきたのである。

レマン湖畔の樹々の緑に包まれたジュネーブの国際連盟事務局本部で開かれていた第十二回連盟総会は、ようやく終りを告げようとしていた。九月十九日（土曜日）朝、新聞『ラ・スイス』（La Suisse）は北平電報として、日本軍による奉天城とその周辺への攻撃開始、張学良の不抵抗方針などを伝えた。同日開催の理事会には、九月十四日の総会で満場一致で理事国に当選した中国の代表施肇基（駐英公使）がはじめて出席する予定であった。

日本はもとより国際連盟常任理事国であるが、中国が非常任ながら理事国となったため、満州事変は、理事国間の紛争となり、国際連盟は創立以来もっとも重要な試煉に直面した。平和維持機構としての連盟が、大国間の紛争に有効か否かを正面から問われることになったのである。

九月十九日午後五時、第六十五回理事会が開かれ、新たに理事国となった中国の施代表とパナマのガレイ代表がレルー（A. Lerroux スペイン外相）議長から紹介された。審議の冒頭、芳沢《よしざわ》（謙吉《けんきち》）代表は議長の希望によるとして、奉天近郊の満鉄沿線で日中両国軍隊の衝突が起こったが、日本政府はただちにこの地方的な事件が不幸な紛糾をもたらさないようできるかぎりの防止策をとったと理事会に報告した。つづいて施代表が立ち、報道のかぎりでは、この事件は中国側の行為によって惹き起こされたものではないとみられると簡単に一言した。レルー議長は日本政府の必要な措置をとるとの言明に満足の意を表し、理事会として迅速な解決を希望すると述べ、理事会はただちにイギリス、フィンランド係争問題の審議に移った。

九月二十一日（月曜日）施中国代表は、連盟規約第十一条により満州事変を連盟に正式に提訴し、国際間の平和維持に賢明かつ効果的な措置をとるため、理事会の召集を要請した。施代表はドラモンド（E. Drummond）事務総長あての書翰のなかで、事態は最初の報道より重大化し、日本軍が奉天のみならず長春、安東等でも攻撃を実施したが、中国側は不抵抗方針をとり、事態を悪化させるいかなる行動も抑制していると述べた。

中国の正式提訴が行なわれた二十一日の夜、翌日午前開催予定の理事会のための予備協議が、英カドガン（A. Cadogan）、仏マッシグリ（R. Massigli）、日本佐藤《さとう》（尚武《なおたけ》）代表のあいだで行なわれた。イギリス、フランス代表は、日本軍の撤兵と撤兵監視のオブザーバーの派遣を提案し、これらが日中直接交渉の目的でなされることを明らかにして、佐藤の同意を求めた。マッシグリは、すでに北平からイギリス、フランスの陸軍武官が現地奉天に向かったと聞いていると伝えた。佐藤は直接交渉に異議はないが、中国側からなんの保証もなしに、今ただちに無条件撤兵を断行することは、とうてい日本政府の承諾しないところであろうと述べ、いずれにせよ、日本からの指示を得るまでに数日かかると答えたのである。

中国の要請による理事会は二十二日（火曜日）午前十時半から開かれた。施代表はただちに本国からきた電報二通を読みあげ、日本軍は吉林、営口、安東、長春、撫順その他の都市を占領し、奉天では省政府主席（臧式毅）その他の要人が逮捕され、長春の市街は大火が続き、なかば荒廃したこと、日本軍の軍事行動がきわめて広範囲にわたり、イギリス本国、北アイルランド、アイルランド自由国を合わせた広汎な地域が日本軍の占領下にあることを強調した。そして国際間の平和を脅威する事態悪化の防止、原状の回復、賠償の決定を理事会に要求した。

施の主張に対し芳沢は、満鉄や居留民の安全を維持するため、日本軍としては諸都市を占領する必要があったとし、長春市でも日本軍は一五〇人を超える死傷者を出し、中国側のいう不抵抗は事実と異なると反駁した。芳沢はさらに、この不幸な事件が決して孤立した出来事ではなく、この事件を惹起した原因、すなわち日本の条約上の権益が中国側のたびかさなる侵害にあっていることに眼を向けなければならないとしたうえ、現在中国から日中両国の直接交渉によって、本事件を解決しようとする提案がなされ、日本政府もこれを歓迎しているので、尚早な外部からの干渉は、すでに昂奮している日本の輿論を不必要に刺戟し、事件の平和的解決を妨げると力説、日中両国の直接交渉による事件解決の可能性に言及した。そして政府の訓令を得るため、会議を次回に延期するよう提案したのである。

しかし施代表は、自尊心のある国家なら、広大な国土が軍事的に占領されたまま、その占領を行なっている国と外交交渉を行なうことはあり得ないと、直接交渉説を否定し、また連盟から任命される委員会に事実の調査を付託する用意があると発言し、二国間の直接交渉で問題を解決しようとする日本の姿勢と正面から対立するにいたった。この日の会議を通じて、施代表は、連盟の任命する調査団の調査を受け入れることを明らかにし、また理事会のいかなる勧告をも受諾すると発言するなど、中国が事件の解決を連盟あるいは理事会へ全面的に依存しようとする方針をもっていることが明らかになった。

以後理事会は、連盟から日本軍の撤兵監視のためオブザーバーを派遣させようとする中国の主張と、それに反対する日本代表の反論のなかで空転をかさねた。イギリスのセシル（E. A. R. Cecil）代表はじめ理事会の各国代表も、オブザーバー派遣に賛成であった。しかしアメリカのスチムソン長官は、理事会による現地へのオブザーバー派遣は幣原外相らの真剣な平和回復への努力を妨げるであろうと、反対の意向を示した。彼は、日中両国の直接交渉による解決が第一策であると考えたのである。

日本代表は、オブザーバー派遣に関する理事会案の採択を幣原外相に要請した。連盟はその権威を維持するため、最少限度の打開策としてオブザーバー派遣を提案したので、連盟の立場からみるとき、きわめて合理的なこの提案を拒否することは、日本の意図に疑惑を与えることになる、と代表たちは幣原を説得した。中国が第十五条によって理事会の召集を求め、ついに第十六条による制裁措置にまで問題が発展するおそれがあることも代表は指摘した。

二十四日（木曜日）ジュネーブの日本代表部は本国からの訓令が着くのを鶴首《かくしゅ》した。同日夜、幣原外相の訓令はようやく到着した。訓令は、満鉄沿線居住内外人の生命、財産の安固を期し得る範囲内で日本軍を最大限に整理することを強調し、問題のオブザーバー派遣については、実益がないばかりでなく、日本の人心を刺戟して不幸な事態を惹起するので、「帝国政府としては本件オブザーバー派遣の儀は、目下の事態に於ては全然其の必要を認め難く」と、全面的に拒否する態度を示した。そして理事会は日本政府の誠意に信頼し、事態の推移を静観することが賢明の措置であり、オブザーバーの派遣を是非中止させるよう命じた。

幣原外相は、アメリカがオブザーバー派遣に反対なのを知っていた。二十三日のスチムソン・出淵会談で、出淵が理事国の一部に第三国の陸軍武官によって実地調査を行なわせる案があることを言及したのに対し、スチムソンは、「非公式に相談を受けたるも斯かることは此際主張することは不適当なりと伝へ置きたり」と明言したことを、出淵は幣原に報告していたのである。

アメリカは理事会におけるイギリスの行動をも牽制した。キャッスル（W. R. Castle）国務次官は二十四日、オズボーン（F. d'Avey G. Osborne）英代理大使を国務省によび、相当強い語調でセシル英代表の行動を批判した。キャッスルは、セシルが国際的な干渉政策を好み、調査団派遣の問題でも東洋人の心理を無視している、と語ったのである。そして日本人の国民的感情を刺戟し、軍部のもとに団結させるようないかなる措置にもアメリカとしては反対で、幣原外相を支持するため全力をそそぐべきであると強調した。

二十五日の理事会は、日本代表の予想に反して、著しく日本に有利に展開した。芳沢は、理事会は紛争の平和的解決にあたって当事国の意向を尊重しなければならず、当事国が問題を解決するのに時間を与えるのは理事会の義務であると強調し、日本はただちに中国と直接交渉に入る用意があると発言した。セシル英代表も、第十五条によらないかぎり紛争解決は当事国の問題で、理事国の処理する問題ではないという日本代表の意見に賛成であると述べ、中国や小国側を驚かせたのである。

二十八日（月曜日）、午後五時から開かれた第五回理事会でも、芳沢代表は、日本の撤兵はひきつづき継続されており、また連盟にも充分の情報を提供しているので、ほかの措置がとられる必要はない、日本は満州になんらの領土的野心をもたず、日本人の生命財産の安全が確実に保証されれば満鉄付属地内に撤兵する決意であることを述べた。

施代表は、日本が撤兵終了の期日を明示することを求め、同時に、さる木、金曜日、北寧線の列車に日本軍飛行機が低空から機関銃攻撃を実施したことに注意を喚起した。施は、中国としては依然中立調査委員の派遣を要求するが、妥協案として、日中両国が撤兵の終了時日を規定し得るような話合いを現地で成立させるため連盟が援助するならば、調査委員派遣の要求を撤回すると、新たな提案を行なったが、日本代表の承認は得られなかった。

翌二十九日（火曜日）の総会は、第十二回総会の最終会議であった。レルー理事会議長は、日本は満州の軍事占領を意図しておらず、居留民の安全が確保されるにしたがい、満鉄付属地に撤兵する予定で、撤兵はここ一両日間実現されつつあるとの日本代表の声明を指摘し、理事会としては、総会終了後、当事国が満足な解決を得られるよう、ひきつづき努力を継続することを述べた。総会議長はこれをうけ、理事会の努力に信頼して、この際総会において討議を行なう必要はないとして、本件を打ち切った。

日本代表は、理事会の空気が著しく日本に緩和したことを利用して、満州事変審議の打切りを企図した。緩和の原因として代表たちは、次の諸点を指摘している。日本が事情の許すかぎり漸次撤兵を実行していること、総会が終わろうとして巨頭連中がジュネーブを去りつつあること、アメリカの態度が穏便なことが明らかとなったこと、欧州の現状は各種の不安におおわれ、特にイギリスは恐慌のため、極東の問題にそれほど深い関心をもっていないこと等である。

イギリスも柔軟かつ妥協的な立場をとった。レディング英外相は二十九日、イギリスは日本に判決を下すような意図はもたず、またオブザーバー派遣案も、イギリス政府およびイギリスの連盟代表が提案したのではないことを、幣原外相に了解させるよう、東京のリンドレイ大使に指示した。

連盟事務当局もなんらかの決議を行なって会議を一応打ち切ろうと計った。三十日（水曜日）の理事会で、レルー議長は次のような発言を行なった。すなわち、「規約第十一条における連盟の任務は『国際の平和を擁護するため適当且有効と認むる措置を執る』にあるが、理事会はそのために努力し、緊急かつもっとも重要なものとして鉄道付属地への日本軍の撤兵問題を採択した。しかし特別な環境のもとにおいて、特に日本人の生命財産の安全を期するためには、撤兵にはある期間が必要であることを認めざるを得なかった……このような事情のもとで、現在討議を続けることは、なんら目的に資さないと考える」。

満場一致で可決されたこの日九月三十日の理事会決議は、日本が満州でなんら領土的目的をもたないこと、日本政府は、自国民の安全および財産の保証が有効に確保せらるるにしたがって、日本軍隊を鉄道付属地内にすみやかに撤退させること、中国政府は日本軍の撤退にしたがい、鉄道付属地外の日本人の安全を確保すること、両国は事態を悪化させるいかなる措置をもとらないこと、などを確認し、十月十四日次回の理事会を召集することとし、必要がなくなればこの召集をも取り消し得ることとしたのである。

このようにして、理事会は二週間の休会に入った。幣原外相も芳沢など現地代表も、満州事変への連盟の直接的干渉を排したという点で、一応の安堵を得たであろうし、幣原の時局収拾へのイニシアティブを期待し、かつ強力に援助しようとしたスチムソン長官の意図も、結実したということができよう。

ジュネーブ駐在のギルバート（P. Gilbert）米領事は、当地では日本政府と事変との関係について二つの見方があることを指摘している。つまり、満州における日本の行動は、日本政府自体の熟慮した計画であるという観測と、外務省と対立している軍部の軍事的行動であるという見方である。後者からは、日本に強い圧迫を加えると、軍部の勢力を増大させるという見解が生まれ、前者からは、日本を屈服させなければ、将来の国際的調停行動に重大な悪影響を与えるという主張が生ずるというのである。アメリカは後者の見解をとって、日本への圧迫を回避しようとし、中国は前者の判断にたって対日強硬措置を期待したのであったが、三十日の理事会決議は、アメリカの分析に同調して、幣原外相の軍部抑制を支援するため、時間を与えてしばらく静観する方針をとったのである。

Ⅲ　拡大する戦火

錦州爆撃

九・一八以来の軍事行動に対して中央の承認を得た関東軍は、どのような時局収拾への構想をもっていたか。板垣、石原ら関東軍参謀は、元来全満州を占領し、日本の領土とする構想をたてていたが、十九日の建川（美次）参謀本部第一部長（十八日奉天着）との瀋陽館での会談で同意を得られなかったため、二十二日にはこの案を一応後退させて、清朝の廃帝溥《ふ》儀《ぎ》を頭首とする親日政権の樹立をあらためて構想したのである。すなわち、二十二日、瀋陽館一号室（参謀長室）に三宅参謀長、板垣大佐、石原中佐、片倉大尉らが参集し、土肥原大佐からは、一案として日本人を盟主とする在満蒙五族協和国を樹立する案も出た。しかし目下の情勢は、実質的に効果を収めるのを可とするとの意見が大勢を占めた結果、次のような案が作成され、同日、陸相や総長に打電された。

満蒙問題解決策案

第一　方針

我国の支持を受け東北四省及蒙古を領域とせる宣統帝を頭首とする支那政権を樹立し、在満蒙各種民族の楽土たらしむ

第二　要領

一、国防外交は新政権の委嘱に依り日本帝国に於て掌理し、交通通信の主なるものは之を管理す

内政其他に関しては新政権自ら統治す

二、頭首《ママ》及我帝国に於て国防外交等に要する経費は新政権に於て負担す

三、地方治安維持に任ずる為概ね左の人員を起用して之を鎮守使となす

熙洽《きこう》（吉林地方）張海鵬《ちょうかいほう》（洮索地方）湯玉麟《とうぎょくりん》（熱河地方）于芷山《うしざん》（東辺道地方）張景恵《ちょうけいけい》（哈爾賓《ハルビン》地方）

（右は従来宣統帝派にして当軍と通信関係を有す）

四、地方行政は省政府に依り新政権県長を任命す

この関東軍の九月二十二日の基本構想がほぼ今後の事変収拾の中枢となって展開されるのである。要は親日政権を東北地方に樹立し、その国防、外交を日本が掌握しようとするものであった。

満蒙新政権樹立問題は、二十六日の閣議でも問題となった。若槻首相は、満蒙新政権樹立

については、一切干与してはならないと述べ、南陸相もこれを了承した。幣原外相は、この日の閣議で、関東軍が現在のように多数の兵力を吉林に存置しているのでは、外交交渉上はなはだ困難なので、もし陸軍が吉林よりの撤退を承認しないならば、辞職するとまで言明した。これに対し南陸相は、外相が満蒙問題の一併解決を期するならば、吉林撤退を考慮すると答えた。南陸相は閣議後、金谷参謀総長を訪い、吉林撤兵に同意を求めた。建川第一部長は絶対反対をとなえたが、総長は命令として吉林撤退の指示を電報させた。しかし南陸相はようやく、現在の内閣では、満蒙問題の一併解決は不可能だと考えるにいたった模様であった。

九月二十二日の満蒙問題解決策案にしたがって、関東軍は積極的に新政権樹立工作を開始した。本庄軍司令官も、同日、もはや張学良をよびもどして交渉することは不可能と判断するにいたった。天津の香椎《かしい》（浩平《こうへい》）駐屯軍司令官には、日本租界にいる宣統帝溥儀を保護下に置くよう二十二日電報が発せられた。板垣参謀は同日ハルビンを本拠とする張景恵を奉天の自宅に訪問、張は板垣の意をうけて翌日ハルビンに帰任した。今田大尉は二十二日、吉林に向かい、吉林軍参謀長熙洽と会い、熙洽に新政府組織を約束させた。今田はさらに二十五日、洮南で洮遼鎮守使張海鵬に日本軍への帰順を勧告、その承諾を得た。このように関東軍参謀は、新政権樹立の基礎となる奉天軍閥内の有力者を日本側に抱きこむため活潑な工作を続け、それは相当程度成功したのであった。これら小軍閥が日本のおそらく買収をともなう誘引と一方における威圧によって、張学良軍閥から離反し、日本側と抱合関係に入ったことが、満州の事態の展開にきわめて大きな影響を与えた。

いち早く独立を宣言したのは熙洽であった。東北辺防軍副司令張作相（事変勃発時、吉林にいなかった）の参謀長熙洽は、奉天省生れの満人で、日本士官学校の出身であるが、二十六日、臨時吉林省政府を組織し、ついで三十日、正式に吉林省長官就任式をあげた。彼は、吉林の石射《いしい》（猪太郎《いたろう》）総領事に対し、臨時政府はまだ独立を宣言したわけではないが、事実上独立だと言明した。新政府は十月十三日には、大迫《おおさこ》（通貞《みちさだ》）中佐を顧問とし、別に居留民会長三橋政明および吉林満鉄公所長浜田有一の二人を政治顧問に聘用した。

奉天地方維持会の袁金鎧などは独立運動には批判的であった。吉林の独立は過渡的方便であり、錦州に張学良の政府があれば事実上独立は不可能であり、「無頼漢ならば兎に角知識階級には独立を考ふるがごとき愚者なかるべし」と判断していた（十月三日、林奉天総領事→幣原外相）。

関東軍幕僚の活潑な新政権への画策は、若槻内閣の閣僚たちを憂慮させるに充分であった。二十六日、外務、陸軍、拓務三省協議の結果、南陸相から本庄関東軍司令官あてに、「満州に新政府を樹立せんとする諸種の策動に邦人の干与することは帝国の立場をして甚だ不利なる状態に陥らしむる恐れ大にして事頗《すこぶ》る重大なるが故に此の種運動に干与することは厳に之を禁止す」との電報が打たれた。しかしこの関東軍司令官あての電報は、片倉大尉が保管して司令官にみせず、二十八日林総領事がこの電報について司令官に語ったため、はじめて提出するにいたった。事件直後奉天に派遣された外務省の守島《もりしま》（伍郎《ごろう》）亜細亜局第一課長が帰京して、「関東軍司令官の如きも、全く座敷牢にでも入れられたような形であって、参謀の石原、花谷、板垣の三人が活躍の中心を占め」云々と語っている（『西園寺公と政局』）のは過言ではなかった。

もっとも、軍中央の態度もまた曖昧であった。参謀本部第二部長橋本虎之助少将は二十八日、二十四日の付属地撤退への電報につき現地と意思疏通を計るため奉天に来たが、同日、関東軍幕僚との会談のなかで、新政権運動にふれ、「軍部としては敢て外務に係ることなく断乎として遂行するの決意を有す」云々と語っているのであるから、関東軍が活潑な画策を続けるのも当然であった。

幣原外相は、直接宣統帝にも警告を発しようとした。十月一日幣原は、天津の田尻《たじり》（愛《あき》義《よし》）総領事代理に、宣統帝擁立運動は帝を政治的陰謀のために利用するものであって、これを勧奨あるいは支持しないのはもとより、もし宣統帝が軽率に陰謀の渦中に投ずるならば、結局帝自身の破滅を招く危険が大きいことを告げ、宣統帝の自重を促すよう極秘電を打った。一方関東軍は十月二日、「満蒙問題解決案」（九月二十二日の対策を更に具体化したもの）を作り、その冒頭に「一、目下起らんとしつゝある各種の独立運動は極力之を促進し、殊に軍事行動を決行するものに対しては相当の援助を与へ、以て活潑なる統一運動を起さしめ、成るべく速に其完全を期せしむ」とうたっているのであるから、両者の意図はまったく齟齬していた。

この十月二日の「満蒙問題解決案」では、「既得権擁護」という従来の標語をやめて、「新満蒙の建設」にかえ、この標語を中外に宣伝し、これによって在満有識者の意見の統一を計ることがきめられた。「既得権擁護」のスローガンが「新満蒙の建設」にかわったことは、積極的な満蒙政策の展開を表徴するものであった。

関東軍には、中央では幣原外相の「軟論」が優勢であり、また宮中の空気も軍によくないという情報がひんぴんと入った。十月一日の閣議で、幣原外相は、ジュネーブで十月十四日開かれる次の理事会までに日本軍が撤退していれば問題ないが、自衛権の範囲を超えて吉林、敦化に兵を残すことは面白くないと発言したのに対し、南陸相は、今撤兵すれば非常に困難な立場におちいる、一体、国際連盟から日本が脱退すればいいではないかと、連盟脱退にまで言及し、若槻首相が財政、経済関係からも国際関係をよく考慮して出処進退すべきだと陸相を説いたと『西園寺公と政局』は伝えている。

幣原外相がまず南京政府との交渉、ついで張学良との交渉によって事態を解決しようとしていると伝え聞いた関東軍は、このような東京の状況に対しなんらかの反撃に出て、強く牽制する必要を認めた。板垣、石原、片倉参謀らは協議して、まず張学良政権との交渉に反対するのみならず、張学良政権の満州帰還を拒否する態度を闡明した。十月四日発表の関東軍司令部公表は、北大営駐屯の歩兵第七旅（王以哲）は張学良直系の最精鋭部隊であるが、敗退以後、集団で婦女子を辱めたり、金品を略奪したり、また特に我が同胞の朝鮮人を虐殺していることを指摘し、「借問す、之等の徒輩を隷下とせる旧東三省政府に対し同等の位置に立脚して国際正義を論じ得べきや、外交交渉を談じ得べきや、今や政権樹立の運動各所に発生し庶民斉しく皇軍の威容を謳歌するも旧頭首を推戴せんとするの風微塵もなし」と、張学良否認、新政権歓迎の態度を明らかにした。

本庄軍司令官は、十月六日、上京しようとする内田《うちだ》（康哉《こうさい》）満鉄総裁に対し、この際、(イ)、満蒙を中国本土より全然切り離すこと、(ロ)、満蒙を一手に統一すること、(ハ)、表面中国人により統治されるが実質においては我が方の手裡に掌握すること、の三つの原則をたてる必要を力説した。本庄によれば、この新政権は実質的に我が国の保護下に置き、少なくとも軍事、外交、交通の実権を我が手に収める必要があった。

国際情勢についても、本庄は、ソ連、アメリカ、イギリスはいずれも目下の状況では大きな事はできず、またこれらを相手としても軍事的には恐るるにたらず、日本の国力は満蒙を手に入れ、華北をも制し得、持久戦争も可能であるとの楽観論を述べ、今日消極退嬰におちいれば、結局我が日本は、満蒙はもとよりのこと揚子江流域からも総退却の余儀なきにいたるので、この際挙国一致一大決意が必要だと力説した。そして「交渉は結局支那本土と分離せる新政権を擁立し之との間に解決するを最も賢明の策とすべく、基礎薄弱なる南京政府と懸引しても徒《いたずら》に歳月を要するのみにて何等の期待も贏《か》ち得まい」と、時局収拾の交渉を、南京の国民政府とでなく、それと分離した満州新政権と行なうという、重大な構想を述べた。つまり関東軍としては、交渉は南京の国民政府ではなく、また張学良政権でもなく、関東軍が育成し、「表面支那人に依り統治せらるるも実質に於ては我が方の手裡に掌握せらるる」新政権を対象として行なうというのである。本庄は内田満鉄総裁に、このような方策で東京の内閣はじめ各方面を説得するのに尽力してくれるよう要請した。

関東軍首脳は、満蒙問題解決交渉を、満蒙に日本が育成すべき、また育成しつつある新政権を相手として行なう方針を固めたが、これには参謀本部、陸軍省も同意しており、十月五日参謀本部次長、各部長、陸軍次官、軍務局長らもこの基本方針を確認した。しかし、幣原外相は依然として、満蒙問題の解決は、中国中央政府と交渉し、細部事項にかぎり、地方政権と交渉するという原則を崩さなかった。

関東軍は、十月四日の声明文発表にひきつづき、さらに若槻内閣に衝撃を与える軍事行動を起こした。それは錦州に移された東北辺防軍司令官公署や、遼寧省政府の爆撃である。錦州では張作相（吉林省主席）が辺防軍司令官代理に任ぜられ、また東北辺防軍参謀長の栄臻もおり、吉林、黒竜江両省首脳部と連絡をとりながら、遼河以東の奉天軍を錦州付近に集結するよう計っていた。この錦州政権の所在が、関東軍占領地帯周辺の小軍閥の独立への動きを牽制していることは事実であった。しかし、錦州爆撃を決行しようとする関東軍の狙いは、このような実際の戦略的意図のみにあるのではなかった。軍事行動の拡大によって、幣原外相の立場を困難にし、また内閣や軍中央の決意を固めさせて、本庄の内田への談話に見られるような関東軍の方針に、政府の同調を余儀なくさせようとの意図が石原らにあったことは否定しがたかった。

本庄司令官の命令のもとに、十月八日正午、八八式偵察機六機、押収したポテー機五機、計一一機は、奉天飛行場を離陸し、午後一時四十分、高度一三〇〇メートルで錦州上空に達した。そして、市の東部にある広さ七〇万坪にわたる東大営や、市の西北郊外赤煉瓦で新装なった交通大学（ここに辺防軍司令部が置かれていた）、その他に二五キロ爆弾七五発を投下した。この爆撃行には、石原参謀も同行視察した。飛行隊が午後四時奉天に帰還し、その結果を確かめたのち、関東軍は、飛行隊が錦州偵察中、敵から射撃されたので、爆撃を行なったと中央に報告した。中国外交部は、日本軍飛行機の機銃掃射と五〇発以上の爆弾のため、ロシア人教授一人、兵士一人、市民一四人が死亡し、二〇人以上が負傷をし、北寧鉄道も若干被害を受けたと発表した。関東軍の飛行機は十三日にも打虎山、溝幇子《こうほうし》の中国軍を爆撃し、また張学良政権否認の宣伝ビラを撒布したりした。

十月四日の張学良政権否認声明、八日の錦州爆撃は連盟理事会の一時休会中に実施され、大きな衝撃を欧米諸国に与えた。もっとも衝撃を受けた一人にスチムソン米国務長官があった。スチムソンは満州の事態を注視する一方、幣原外相の平和的な時局収拾を援助するため、無用な刺戟を与えて日本の輿論を軍部のもとに結集させることのないよう、外部からの干渉を避ける方針をとってきたことは前にふれた。スチムソンは十日午前、出淵大使に対し、すこぶる緊張した態度で「自分は之まで日本政府の声明に信頼し、米国政界一部の攻撃を聞き流しつゝ時局の推移を注視し」きたったが、最近本庄司令官は張学良を排斥する方針を発表し、さらに日本軍飛行機は、満鉄沿線から百数十マイル離れた錦州に爆弾を投じ、無辜の市民を殺害した、これは「如何にも驚くべき出来事にして、端的に云へば日本政府の方針果して出先軍隊に徹底し居るや疑はざるを得ざる状態となりたり」と語った。

さらにスチムソンが疑惑を深めたのは、幣原外相のこれら関東軍の行動に対する態度の曖昧さであった。幣原は出先軍隊の行動をだいたい是認していると考えられ、「事態如何にも容易ならざる次第を認識」したので、スチムソンは、「何等か適当の処置を講ずるの已むなきに至るべし」と、日本の行動に不満をもらした（十月十一日着、出淵駐米大使↓幣原外相）。スチムソンは、八日の閣議の際、同僚たちにも、条約が紙屑のように取り扱われるのをそのままにしておくならば、世界の平和的発展への期待は、恢復しがたい打撃を受けるだろうと語った。

スチムソンは、ネヴィル（E. Neville）在日代理大使に幣原の真意を打診させた。十日幣原に会ったネヴィルは、幣原が満蒙問題の一般的解決のための日中双方の代表による会議の開催を昨夜中国公使に提案したこと、また錦州爆撃などもきわめて過小評価していることなどをスチムソンに報告した。スチムソンは、錦州爆撃を重要でないとする幣原の態度に強く反撥した。錦州は、日本の鉄道所在地より一五〇マイル以上も離れており、そこに軍隊を駐屯させることは中国の当然の権利であるにもかかわらず、日本軍飛行機がその上空に飛来し、攻撃を挑発し、爆弾を投下するなどは、まったく理解に苦しむ措置であり、無警告で無防備都市を爆撃することは、戦時においてすら承認されないもっとも極端な軍事的行動であると、スチムソンは幣原に厳重抗議するようネヴィルに命じた。

このスチムソンの抗議に対する幣原の回答は、苦悩にみちたものであった。彼は、関東軍司令官はなんら外交責任者でなく、したがって満州における張学良政府を承認するか否かは関東軍司令官ではなく、日本政府の判断するところである、また錦州爆撃事件は日本政府の真の意図を反映していない孤立した軍事行動にすぎないことを出淵に弁明させたのである（十二日）。

幣原の弁明にもかかわらず、スチムソンは国際連盟とともに、日本の行動になんらかの対抗処置を講ずべく決意した。十日夕、彼は、ジュネーブのギルバート領事に対し、ここ数日の不幸な事件により、不戦条約を発動する必要が切迫していると考えるにいたったと告げた。そして次の理事会が不戦条約を審議するならばその論議に参加するよう訓令した。スチムソンは、連盟理事会が不戦条約との関連を審議することを強く望んだ。これは、従来アメリカの理事会出席を極力拒んでいたスチムソンにとって大きな方針の変更であった。スチムソンは、不戦条約により、満州の事態に対する世界の輿論を喚起しようとしたのである。しかしスチムソンが不戦条約について、連盟と行動をともにしようとしたのは、あくまでも今後起こると予想される事態、すなわち戦争の脅威に対する警告のためで、すでに不戦条約の対象になる事態、戦争が起こっているという判断にたって同条約を適用しようとするものではなかった。

アメリカのみならず、イギリス、フランス、イタリー等各国大使もそれぞれ錦州爆撃について強い抗議を東京の外務省に申し入れた。

リンドレイ英大使は、九日幣原外相に面会を求め、錦州爆撃を抗議し、政府が陸軍に中国内政不干渉を命じたにもかかわらず、日本軍飛行機は錦州を爆撃した、かつ日本は張学良政権を相手としないというビラを撒布したことを指摘し、在日外交官たちは、日本を支配しているのは日本政府なのか本庄なのかわからないと考えていると告げた。さらに、リンドレイは訓令に基づき十日幣原外相に面会、日本の飛行機は最初より爆撃の目的で行動したものと認められ、戦争状態の存在しない今日、錦州までも飛行機を派遣して爆弾を投下したのは、戦争行為と認めざるを得ないと警告した。英大使はそのほか、今次時局の結果、南京政府が崩壊し、中国全体が無政府状態におちいるおそれがあること、および日本飛行機の爆撃している北寧鉄道には、イギリス資本が投下されていることの二点についても注意を喚起した。イギリスは、国民政府が崩壊し、中国が無政府状態におちいることを強く警戒した。それは厖大なイギリスの在華権益に脅威を与えると同時に、中国のソ連への接近をもたらすおそれが強いからである。当時宋（子文）財政部長、李（錦綸）外交部次長などはしきりに、もし連盟が日本の侵略に無力な場合は、中国はソビエトに接近すると列国に示唆していた。

フランス、イタリーの大使も同趣旨の抗議を行なったが、フランス大使は、個人としては中国人には一度は「教訓を与へざる可らず」と思考していると述べ、イタリー大使は、秩序ある文明国の日本と混乱せる変態的な中国とは截然《せつぜん》たる区別をして取り扱わねばならないこと、またもし満州から日本の勢力を排除すれば、満州は結局ソビエトの勢力下におちいり、これは世界のため危険千万であることを本国に具申したと語った。このフランス、イタリー両大使の言にみられるように、強国の外交官はかならずしも日本にのみ批判的ではなかった。

イギリスのレディング外相は、日本に錦州爆撃を抗議すると同時に、北平のランプソン公使に、同じく中国にも慎重な態度をとるよう要望し、日本人の生命や財産に損害を与えないよう勧告することを訓令した。ランプソンへの訓令のなかで、中国側に鉄道付属地外の諸地点からの日本軍の撤退を前提条件とすることなく、日本との了解を達成するよう勧告すべき旨、指示しているのは注目される。錦州爆撃直後の状況において、イギリスは日本軍の撤兵を前提とせずに日本と妥協するよう中国側に圧迫を加えようとしたのである。

ランプソンはかねてから、レディングの方針にしたがい、張学良に穏便な態度をとるよう求めていた。しかし張は、十月八日の錦州爆撃で無辜の民衆が殺されていることを指摘して、イギリスの態度に反撥を示した。ランプソンも、張学良に自重を求めるのは、猟犬にほとんど追いつかれそうになっている野兎におとなしくしろというようなものだと、レディング外相の訓令を評している。ランプソンは、撤兵を前提条件としないで、日本と妥協するよう勧告を指示したレディングの九日付の訓令に対しても反対で、外相の再度の考慮を要請した。しかし、顧維鈞が蔣介石によばれて南京へ行くと聞いたランプソンは、出発の前日、十日、顧維鈞に面会し訓令の趣旨を伝えたが、顧は、もし中国が日本軍撤兵を前提条件としない場合、連盟またはイギリスが、日本がリーゾナブル（理にかなう）な態度に出ることを保証するか否かが問題だ、と語った。

十月十四日が迫るにつれ、中国国内の情勢は緊迫し、もし連盟が対日干渉に失敗するなら、政府は総辞職か戦争かを選ばねばならなくなり、総辞職した場合は、次の政権は、戦争を開始するか、あるいはソビエトへの接近を試みるであろうとの予測がなされた。

蔣介石、宋子文、孔祥熙《こうしょうき》など国民政府首脳は、十三日から開催された理事会の結果を見守るとともに、もし連盟がなにもしなかった場合、アメリカは九箇国条約の発動についてどう考えるか、発動のイニシアティブをとるか否かを、十五日、南京でジョンソン米公使に真剣に問いただしていたのである。

十三対一――期限付撤兵

国民政府は十月五日付で日本に対し、日本軍の満鉄付属地への撤退後の治安維持に当たるため、張学良が張作相（吉林省主席）、王樹常（河北省主席）の二名を任命したので、次の連盟理事会開催日である十四日の前に引継ぎを終わるよう申し入れを行なった。

幣原外相は、錦州爆撃の翌九日開催された閣議に、中国の申し入れに対する回答を上程したが、このなかで幣原は日本軍の撤退条件につき、微妙な変化をみせた。すなわち三十日の理事会決議は十四日までに日本軍を撤退させることは規定していないと指摘したうえ、次のような回答を送ろうとしたのである。

目下最先の急務は、日中双方協力して昂奮している国民的感情の緩和を計るにあり、このためにはすみやかに両国間において平常関係確立の基礎となる数点の大綱を協定することが必要である、この大綱協定が成立し、国民的感情が緩和したならば、日本軍隊は安んじて満鉄付属地に引き揚げ得る、そのための交渉を責任ある中国代表者と開始したいという趣旨である。すなわち数点の大綱を日中両国間で事前に協定することが撤兵の前提条件として新たに登場してきた。九月の理事会決議においては、日本は日本国民の生命の安全およびその財産の保護が有効に確保せられるならば撤兵すると言明していたのであるが、新たに大綱協定の成立が条件となってきた。この大綱協定は五項目に分かれ、その内容はほぼ次のとおりである。

㈠、日中両国は極東における領域の現状維持と平和を確保するため、いかなる場合においても相互に侵略政策・行為をとらないことを宣言する。

㈡、両国は自国民が他方に対し、敵意ある煽動を組織したり、貿易の自由を阻碍《そがい》することをあらゆる手段で抑圧し、また両国間に敵意や誤解を生じさせるような教育を禁止する。

㈢、日本は満州をふくめて中国の領土保全を尊重する方針を再確認する。

㈣、中国は、満州において日本人がいかなる地点にも旅行し、商工農業に従事することに対し保護を与えることを保証する。

㈤、日中両国はただちに、南満州鉄道と満州の中国官憲との間で、両国鉄道の協力ならびに破滅的な競争の回避、該地方の鉄道に関する既存の条約規定の実施について必要な協定を締結する。

撤兵前に大綱協定の成立が必要であるとの回答は十二日付で、駐日蔣《しょう》（作賓《さくひん》）中国公使に送られた。同日、理事会に出席のため芳沢駐フランス大使はパリからジュネーブに着いた。連盟理事会は十四日開会のはずであったが、錦州爆撃後、中国の要請によって一日早められ、十三日から開かれたのである。

関東軍飛行機による錦州爆撃のためジュネーブの対日空気は悪化していた。しかし幣原は、連盟が錦州事件をはなはだしく重大視し、一方満州事変の原因である中国側の排日不法行動に対して注意をはらわないのは片手落ちであるとし、もし理事会が日本の受諾し得ないような決議を採決する場合は、断然反対投票に出て、請訓せずに棄権するようなことは絶対に避けるよう、芳沢に指示した。しかし、中国の排日ボイコットないし排日運動について、ドラモンド事務総長は、「日本軍隊が現在の如く殆んど傍若無人に振舞い居る間ボイコット又は排日運動の責を中国のみに負わしむることは殆んど難かるべし」（十一日、杉村次長への談話）とのまったく逆の認識をもっていたのである。

理事会は十三日正午再開された。フランスのブリアン（A. Briand）、イギリスのレディング、イタリーのグランディ（D. Grandi）三外相がみずから出席し、ブリアンが当番議長となった。施肇基中国代表は、特に連盟規約と不戦条約に言及し、世界大戦以来十二年間勤勉に築きあげた平和の大伽藍の礎石である二つの条約（連盟規約と不戦条約）が最初の試煉で崩壊するならば、大伽藍そのものも崩壊し、はたして世界の国々は、明年二月予定されている軍縮会議に参加するであろうか、むしろ各国は軍事力のみが信頼し得るという結論に到達しないであろうかと、問題の重要性を指摘した。午後の公開会議でも、施代表は、今日まで中国本土において日本人の殺害されたものが一人もないこと、日本商品ボイコットについては、いかなる国際法も、国が国民に対し、その欲しない商品を購入するよう強制することを認めていないと、日本の主張に反駁した。両国の主張が完全に対立しているのをみた議長は、理事会、連盟がきわめて重大な危機に直面していることを認め、以後主として、連盟首脳の私的会談、理事会秘密会、五人委員会等で解決案を見出そうとつとめた。

十四日午前、芳沢代表は、ブリアン議長を訪ね、幣原外相の事実上日本軍撤兵の前提となる五項目協定案を極秘裡に通告した。

このときブリアンは、芳沢に、アメリカ代表をオブザーバーとして理事会に出席させる計画があることを告げた。芳沢は、アメリカの理事会参加は日本に対する一種の威嚇であり、非常に遺憾であると、反対を表明した。日本側の五項目協定、理事会のアメリカ招請の二点について十四日午後、夜、十五日午前と数回の私的折衝が続いたが、結局なんら妥協には達しなかった。幣原外相は、米国オブザーバーの招請には法理上の理由で反対するよう芳沢に回訓し、在米の出淵大使にもアメリカが今回の満州問題にかぎり、理事会にオブザーバーを出席させるのは、連盟、アメリカが連合して日本を圧迫しようとしているとの誤解を生じさせるので、自発的に派遣をとりやめるよう勧告することを指示した。十五日スチムソン国務長官は出淵大使に対し、日本政府はギルバート米領事の理事会出席に反対のようだが、自分としてまったく了解に苦しむと、興奮した面持で述べた。連盟理事会は、アメリカの招請は手続き問題であり（第五条第二項）、過半数で決し得るとの方針をとり、十五日午後五時半より開かれた秘密理事会で採決し、十三対一（反対日本）で可決をみた。

翌十六日午前の公開会議で、理事会はアメリカの招請を正式に承認した。国務省はただちに連盟の招請を受諾、ジュネーブ駐在のギルバート領事に理事会出席を命じた。スチムソン国務長官はあらためてギルバートに、理事会の討議には、それが不戦条約適用に関連するかぎりにおいて参加し、日中紛争が他の側面から論議されるときには、単にオブザーバー、あるいはオーディターとしてとどまるべきことを指示した。同日午後六時に開かれた理事会から、ギルバート領事の出席をみた。アメリカ代表が理事会に出席したことは、画期的な出来事としてジュネーブでは歓迎された。

翌十七日、理事会は開かれなかったが、日中代表をのぞく各理事国代表とギルバート米領事は会合し、アメリカ側から、この際不戦条約第二条について日中両国の注意を喚起することが提議され、理事会としてではなく、各国別に日中両国に通告することになった。すなわちフランス、イギリス、イタリーの三外相は十七日夜十時、ジュネーブから外交チャネルを通じて、満州の事態に関し、一九二八年八月二十七日の不戦条約、特に第二条について、両国の注意を喚起し、両国が他の不戦条約調印国に負っている義務について自覚を促した。第二条は「締約国は相互間に起ることあるべき一切の紛争又は紛議は其の性質又は起因の如何を問はず平和的手段に依るの外之が処理又は解決を求めざることを約す」である。ドイツとスペインは、ベルリンとマドリッドから同じく発電し、フランス政府が、フランス、イギリス、イタリー、ドイツ、スペイン五ヵ国の名で全不戦条約調印国に両当事国をのぞく不戦条約調印国たる連盟理事国が、東京、南京両政府に、同条約第二条について注意を喚起したことを告げたのである。

アメリカが不戦条約問題に関し、理事会に参加したことは、画期的な意義をもち、また不戦条約の喚起は、世界の輿論を背景に満州問題の平和的解決に向け日本を圧迫する上で大きな意味をもったといえるが、スチムソンは、理事会参加、不戦条約喚起に対しても日中両国を過度に刺戟しないよう、きわめて慎重な態度をとった。紛争の最終的解決は、中立オブザーバーを参加させるか否かは別として、日中両国の直接交渉によってなされなければならないという考えを彼は依然として保持していた。第三国は日中両国による解決に介入してはならず、第三国が主張できるのは、解決が平和的方法によってなされること、戦争を防止することであると、彼は十七日、ギルバートに強調した。そして不戦条約の発動も、アメリカではなくフランスがイニシアティブをとったことを、スチムソンは歓迎した。我々は単に五ヵ国から通牒を受けた四十五ヵ国中の一国にすぎないと、スチムソンは十八日の日記に誌している。以後スチムソンは、ギルバートの理事会への出席を制限し、日本との摩擦を避けるのに細心の注意をはらった。

アメリカの理事会参加、不戦条約問題は以上のような形で進行したが、満州事件自体の解決は難航を極めた。問題は日本が撤兵の前提として提案した五項目の協定にあった。五項目の内容は最初ブリアン議長とドラモンド事務総長にのみ示された。両者ともほぼ㈠—㈣までについては異議はなかったが、㈤の鉄道協定には反対であった。芳沢は第五項が日本の重視するところであると説いたが納得せず、結局交渉は行きづまった。

ドラモンドは、日本軍の撤兵前に日中直接交渉を行ない、大綱協定を成立させることは、武力をもって交渉の成功を期そうとするものであり、国際連盟規約の精神に違反すると強く反対した。ドラモンドは、強国が軍事力を使って弱国に紛争の解決を自国の望むがままに強要しつつある現状は、連盟にとってライフ・オア・デスの問題であると、十六日沢田《さわだ》（節《せつ》蔵《ぞう》）日本連盟事務局長にあてた文書で強調した。

芳沢は、十六日午後行なわれたレディング英外相との第二次会談において、興味ある発言をしている。すなわち芳沢は、レディングが以前インド総督をしていたので東洋の事情にも精通していると思う、と前提したうえで、「満洲の状況は欧州諸国に於ては想像し得ざる状態なり、而して敗残兵十数万居り馬賊絶えず横行せり、日本の今回の附属地以外の出兵の如きは勿論戦争と称すべからざるのみならず、仮令《たとえ》戦争と称し得べしとしても、所謂『コロニアル・ウォー』にして欧州諸国の間に於ける出兵等とは到底比較すべくもあらず」と述べた。つまり、満州事変をコロニアル・ウォー、植民地戦争の一種だとレディングに説明しているのは、芳沢の心情のなかに、満州を日本の植民地とし、反乱を討伐している植民地戦争としてのイメージが若干なりとも芽生えつつあることを示すものであった。

十七日、午前、午後の二回にわたって、日中両国をのぞく理事国会議が開かれ、決議案が作成された。ギルバート米領事も参加したが、もちろん発言はしなかった。この決議案の要旨は、日本軍が鉄道付属地への撤退を開始し、決議成立後三週間以内に全撤兵を完了すること、遅くも最終撤兵日の一週間前に日中両国は、満州における鉄道問題の実際的解決をふくめて、懸案解決のための直接交渉を開始すること、ただしその期日までに撤兵が充分進捗していることを条件とする、という内容である。日本軍の期限付撤兵と、鉄道問題に関する直接交渉の撤兵期限一週間前の開始という点に苦心が認められよう。そしてさらにワシントン会議における山東交渉の例をひき、理事会はもし両国から要請があれば、一、二名を指名して交渉の解決に協力するともつけ加えられていた。

この案は、翌十八日十一時からの秘密理事会で修正された。主要な修正は、鉄道問題をふくむ日中直接交渉の開始日を、日本が撤兵を完了した日と、きびしく規定したこと（前案では、撤兵が進捗していることを条件として、撤兵期限一週間前とされていた）と、山東問題に例をとって委員任命を規定した第九項が削除された点である。直接交渉の開始が撤兵完了の日ときびしくされたのは、レディング英外相、マダリアガ（Madariaga）スペイン代表が、案文があまりにエラスチック（どうにでも解釈できる）だとはげしく反対したからであった。結局、日本が撤兵前に五項目協定、特に鉄道問題の解決を固執することが判明し、二十二日午後四時から開かれた公開理事会では、ブリアン議長は、日本軍が十一月十六日の次の理事会開催予定日までに付属地内に全部撤退すること、撤退完了後、両国代表は、今次の事件のみならず、満州の鉄道問題に関する困難をも除去するため、直接交渉を開始することを骨子とする決議案を提出した。すなわち日本軍の撤兵が直接交渉開始の前提となるという日本にはきびしい内容である。日中代表および両国政府の検討を待つため、翌二十三日午後五時まで会議は延期された。

二十三日の公開理事会に日本は新案を提出、会議はさらに翌二十四日午前十時に開かれることになった。二十四日午前の会議では、日本のいわゆる基本大綱について論議が集中した。同日午後、ブリアン議長と日本代表のあいだに事態収拾のため最終折衝が続けられたが、五時に再開された理事会で、ブリアンは、日本代表との交渉はなんら結論に達しなかったと報告した。会議はただちに採決に入り、日本の対案は十三対一、日本のみが賛成で否決され、つづいて理事会決議案は十三対一、反対は日本のみで、同じく否決されたのである。

かくして、理事会は決議の成立に失敗し、十一月十六日まで延期された。

しかし、日本軍の満鉄付属地への撤兵を十一月十六日までに完了させるという決議案が、否決されたとはいえ十三対一で日本をのぞく全理事国の賛成を得たことは、日本が世界輿論のまえに完全に孤立したことを示し、さきの不戦条約尊重の通告とともに、その影響力は無視し得ないものがあった。

中国の蔣介石主席は、理事会開会中、しきりにアメリカ、イギリス、フランス、ドイツ等諸大使と会見し、中国は二十一箇条の起こった一九一五年とはちがい、軍事力の脅威には屈伏せず、日本軍が撤退し、九・一八以前の状態が回復しないかぎり、直接交渉に応じない態度を強調し、理事会が解決に失敗すれば、特に左翼からの批判に直面することを告げ、理事会の牽制につとめていた。二十四日の理事会に提出された決議を中国は、連盟が中国の立場を擁護したものとして受けとった。日本が十一月十六日までに、どのような行動をとるかは、中国をはじめ列国の注視するところとなった。しかし幣原外相の五綱目協定案すら、関東軍が満州において独立運動をすすめている現状から大きく遊離していたのであるから、期限付撤兵案を日本が考慮する余地はまったくなかったのである。

理事会開催と前後して、満州の現地を視察していた二人のアメリカ外交官も、同じような結論に到達していた。すなわち、東京のアメリカ大使館二等書記官ソールズベリー(Salisbury)と、ハルビン総領事ハンソン(Hanson)は、日本政府の諒解のもとに、十月四日長春をふりだしに、吉林、敦化、洮安、奉天、牛荘、安東と二十日まで広範囲な視察をとげた。彼らは、日本の軍部は、満州について日本に関連する主要な問題が解決するまで、あるいは日本の要求に従順な政権、もしくは複数の政権が成立するまで、現在の支配を拋棄する意図のないことは明らかであるとの結論に達した。同時に、彼らは、無教育な中国人は無関心であるが、知識階級のほとんど大部分は、彼ら自身の不充分な政権を、有能な日本の政治より好んでいることを確認したのである。

現地の一表情

作家里村欣三《さとむらきんぞう》は、日本軍の出動に対し、奉天在住日本居留民が万歳、万歳と歓呼と熱狂の昂奮のなかにあることを、「戦乱の満州から」(『改造』昭和七年二月号)のなかで生き生きと描写している。町名入りの高提灯と、日の丸の手旗の波、軍隊の行進を幾重にもおしつつむ群集、市街のあらゆる場所は「国際連盟恐るゝにたらず」「共存共栄の新天地を死守せよ」と達筆の文字で書かれたビラで埋まっていると里村は描写した。しかしこの異常な昂奮状態を「水のやうに冷か」に見守っている群集があることを里村は見る。「それは在留日本人二万数千人に対して四十万の圧倒的多数を占めてゐる、支那人だ。彼等は一生に一度も経験しない、この日本人の熱狂の乱舞を、極めて冷然と眺めてゐる。車曳きは洋車の轅《ながえ》を頭の上へ押しあげて、軍隊の行進に路をあけてゐる。まんまるくなるほど厚着をした群集が、長い丸太のやうな袖の中へ両手を突込んで、静かに足踏みをしながら戦争を、ひとごとのやうにながめてゐる。それは恐るべき無言の屈服だ！」

奉天の情況、あるいは日本軍占領下の満州の諸都市の実状はかくのごとくであったろう。しかし中国人の「恐るべき無言の屈服」に比しても、九・一八以後もっとも悲惨な運命をたどったものに、鉄道沿線や撫順付近で農耕に従事していた朝鮮人農民がいた。

九月十八日、北大営を日本軍に追われた王以哲の軍隊は、鉄嶺街道から、奉天、開原、北山城子間の三角地帯へ退散した。この地帯は、丘陵の起伏した低連山地帯で、その谷地や山腹の耕地には、多数の朝鮮人小作農が中国地主や官憲の苛酷な待遇のなかで営々と水田や火田を開き耕作していた。ここに王以哲軍が進入し、朝鮮人たちは強奪、放火、殺戮の対象となった。九月末、これら一連の地帯（奉天を中心とする鉄嶺、撫順、清原、開原等の諸地方）に展開された悲惨な朝鮮人たちの運命は、日本内地の新聞にもしばしば報道された。ある村では、三十日（九月）大虐殺が行なわれ、中国兵六十名ばかりが、「奉天では朝鮮人が先頭で攻めて来たのだから仇を伐ったのだ」と称し、逃げ遅れた女子供ばかり八二名を銃殺したと『朝日』の高橋特派員は伝えた。高橋特派員は、十月一日鉄嶺から王以哲軍攻撃のため出動した独立守備隊第五大隊中山支隊に従軍したのだが、次のようにもいっている。「かくして余等は、一行に先んじて五日（十月）早朝尚陽堡を発し開原に出たが、軍隊の通過した地点だけでも、惨死者四十数名、行方不明で虐殺されたと推定されたもの三、四百名、然も婦女は皆いふに堪へない辱しめを受け死体にまで侮辱を加へられて居る」と報じた（『東京朝日』十月八日夕刊）。

中西《なかにし》伊《い》之《の》助《すけ》は「惨たり！　在満朝鮮同胞」というリポート（『中央公論』昭和六年十二月号）のなかで、次のように書いている。

「思へ、一万以上の××が雪崩れを打つて悪魔の如く村々を侵して行くのだ。各村落は次から次からと押しかけて来る掠奪者のために忽ち骸骨になつてしまつてゐる。それを更らに後から来るものがまた何かを掠めようとあせるのである。鉄嶺県堺の石牌山といふ部落から逃れて来た一鮮農の話には、村へ闖入して来た十数名の××の一団が、××様のもので数人の鮮農の×××××いて、それを引つ張り廻し、金銀財宝や食糧品が地下に埋めてあるに違ひないからそこへつれて行けと怒鳴りまくつてゐるのを物蔭から見たさうである。勿論そんなものが有りさうな筈がない。××に堪へかねて、アイゴ、アイゴと泣き叫ぶ同胞の悲鳴を耳にして、彼は全身の裂けるやうな思ひがしたと、涙ながらに語つた」

着のみ着のままで命からがら避難した朝鮮人たちは、撫順その他の満鉄付属地に集まってきた。撫順だけでも千余人が避難してきたが、これを迎える設備とてもなかった。ある一人の中年の朝鮮人農民が中西に日本へ帰るのかときいた。そして「それならどうかこの惨状を日本の方々へ訴へて貰ひたい。現在のところでは、吾々は日本へ縋るよりほかはないのだから」（前掲「惨たり！　在満朝鮮同胞」）と訴えた。現在のところでは、我々は日本にすがるほかないというこの一朝鮮人農民の言葉には、複雑な思いがこめられている。里村も「何故、無力な鮮農だけが、かやうに悲惨な暴虐にさらされなければならなかつたのか」と問うている。

満州における朝鮮人農民が、九・一八以後さらに悲惨な運命におちいったことを注視する里村や中西のリポートは、きわめて高く評価されなければならない。中西は撫順に避難してきた朝鮮人に対する義捐金が二十銭、十銭、五銭と集められ、一円、五十銭の出金すら少ないことを名簿でみつけ、「その合計がやつと百何十円だ！　私は自分の眼を疑つた。こゝには年額×××の××××××××宝庫××炭礦がある筈だ」と、満鉄ないし日本側の朝鮮難民に対する措置を非難しているが、関東軍が、十月四日、張学良政権を否認する声明のなかで、第七旅が「我が同胞朝鮮人」を虐殺したことをとりあげ、張学良政府とは「国際正義を論じ得ない」との論陣を張ったのは、朝鮮人の悲惨な立場をさらに利用するものであった。

雑誌『東亜』掲載の日誌は十月二十三日の項に、朝鮮人側の調査として、九・一八以来朝鮮人が中国軍および馬賊からこうむった被害を次のようにあげている。

「支那兵に虐殺された者　千九百名

満鉄沿線に避難せるもの　一万三千余名
行方不明　四千五百名」

天津事件とチチハル攻略

ジュネーブで連盟理事会が日本軍の撤兵を審議しているとき、奉天では三宅参謀長、土肥原特務機関長、板垣、石原、松井、竹下、片倉各参謀が、十月二十日瀋陽館一号室に集まり、次のような情勢判断に同意した。これが今後の関東軍活動の指針となったので、重要綱目を列記すると次のとおりである。

方針

一、一般の情勢は我に有利に進展しつゝあり
軍は持久の策を採り更に北支並北満の形勢を好転せしめ既定方針の徹底的解決を企図するを要す

要領

一、北支那に於ける学良政権の崩壊は目下に於ける最大急務なり、之が為軍は北支那に最も有力なる機関を配置し、現に温醸《ママ》しゝつある各種反学良運動を統制し、之を促進すること必要なり（〈片倉書入れ〉土肥原起用）

二、（略）
三、北支に於て日支両軍衝突を惹起せる場合に於ては軍は直に友軍の危急を救ふ為錦州、山海関の学良軍を掃蕩す
四、北満に対しては既定方針に基き先づ黒竜江省旧政権の刷新を図る、之が為同一企図を有する張海鵬軍を支持する外黒竜江省内部の分解作用を促進す
（以下略）

つまり華北の張学良政権を打倒するため策謀し、もし華北で日中両軍の衝突が発生すれば（厳密にいえば日中両軍の衝突発生に成功すればの意であるが）、関東軍としては、錦州、山海関への出兵を考慮することを表明した。またチチハルを省都とする黒竜江省の軍事的占領を日程にのせ、このためには張海鵬軍の利用を企図した。

まず華北、天津への工作であるが、十月二十二日の「情勢判断」に片倉参謀が「土肥原起用」と書きこんだごとく、関東軍は奉天市長を趙欣伯《ちょうきんはく》と代わった土肥原特務機関長に北平、天津地方に出張を命じ、華北における張学良政権の崩壊、具体的には張学良軍の日本軍への帰順あるいは関内撤退を実現するための謀略を、天津の香椎（浩平）支那駐屯軍司令官と連絡して実施するよう指示した。また天津の日本租界にいる宣統帝溥儀を極秘裡に満州に移転させることも、土肥原に課せられた重要な任務の一つであった。このような密命を帯びた土肥原大佐は、十月二十九日天津に到着した。

翌三十日、土肥原は桑島（主計）天津総領事に面会を求め、満州に独立国家を成立させることは国策上絶対に必要であり、地方政権の樹立に努力している袁金鎧、熙洽らも宣統帝の出馬を熱望しているので、この際帝が自発的に脱出した形式をとり、浪人を使ってつれ出させるから了解を得たいと申し入れた。香椎司令官も土肥原の意見に賛成であり、責任は司令官が負ってもよいとの意向をもらした。桑島総領事からの報告を受けた幣原外相は、このような謀略に強く反対した。現在満州に独立国をつくることは九箇国条約に抵触し、かつ今後世界輿論の鎮静にともない進行しようとしている現地における建設的計画にも支障を与えるので極力中止させるよう、桑島総領事に十一月一日訓令を与えた。幣原外相は「大体宣統帝擁立の如きは全く時代錯誤の計画と申す外なく右は将来に於ける帝国の満蒙経営に対し重大なる禍根となるの虞あり」と憂慮したのである。

幣原訓令の要旨を伝えた総領事館員に対し、土肥原大佐は激しく反論した。

「満州の事態を現況までにこぎつけたのは、一に出先の軍部の活動である。今後の時局収拾上、ぜひとも帝の擁立が必要な場合に、現政府が之を阻止するような態度をとるなどは奇怪千万である、もし本当にそうならば、あるいは関東軍は政府と離れて如何なる行動にでるかわからないし、また内地においても目下拘禁中の暗殺計画者以外にさらに由々しき事情が発生するかも知れない。この際政府の方針は問題ではない。もし帝において出馬の決心があるならば、権道によってでも連れ出す。」（十一月三日、桑島天津総領事→谷亜細亜局長）

土肥原の領事館員への談話のなかにある目下拘禁中の暗殺計画者云々とは、十月十七日一斉に検束されたいわゆる十月事件の首謀者たちを指す。橋本欣五郎《はしもときんごろう》大佐、長勇《ちょういさむ》少佐らを中心とする一派は、十月二十一日蹶起《けっき》、首相官邸で若槻首相、幣原外相をはじめ閣僚を殺害し、荒木貞夫《あらきさだお》を首相とするクーデター政権を樹立しようと計画した。橋本大佐らの意図は、関東軍の既定計画を遂行させるために、事変の遂行を妨害する若槻内閣を打倒し、軍事政権を樹立することにあった。十月事件は未遂に終わったが、非常に大きな衝撃を支配層に与えた。

土肥原は十一月二日、溥儀と会見した。このとき溥儀は、新国家が共和か帝制かを質疑し、復辟《ふくへき》ならば満州に行くが、共和ならば行かないと語ったのに対し、土肥原は、もとより「帝制」であると明言した。土肥原は溥儀に、この機会を逸せず、十六日以前に是非渡満ありたいと要請した。十六日と特に言及したのは、いうまでもなく連盟理事会の再開以前に実行し、既成事実とするためであろう。土肥原との会見後、二、三日たって、溥儀は国民政府から特に優待費を出すという申し出を受けた。しかしすでに満州での復辟を約束された溥儀は、蒋介石を信頼していないこともあって、国民政府の要請に応じなかった。土肥原は二回の溥儀との会見について、「溥儀は満州進出に関し堅い決心をもち、相当自信あるよう見受けた」と板垣参謀に報告した。

十一月八日、突如として天津の日本租界を根拠とする便衣隊が中国街一帯を襲撃するという擾乱が発生した。八日（日曜）午後九時から十時にかけて、日本租界と中国街との境界に近い福島街周辺に集まった約千人の中国人は、日本側から提供された武器（銃やピストル）

をもち、旭街の北端その他から、公安局、省政府などを目標に中国街襲撃を始めた。彼らは四十元で買収されたのである。日本租界から出動した便衣隊は、中国警察や保安隊に銃火をあびせた。日本租界の東北端に接していた中央電話局も重要な攻撃対象となった。日本軍の装甲車二台も出動、日本租界から外には出なかったが、機関銃を発射して応援した。中国側はかねてこのような暴動の勃発を察知し、充分準備を整えていたので、便衣隊の行動は予定どおり進捗せず、日本側兵一（沢田二等兵）、下士官一（宮本曹長）計二名が銃弾にあたって戦死し、租界内の日本婦人一名も負傷後死亡した。

香椎天津軍司令官は九日午前四時、中国警察や保安隊に対し、六時までに日本租界から三〇〇メートル外に撤退するよう要求し、もしその実現をみない場合は、日本軍は必要な措置をとると電話で警告した。王樹常（第二軍司令兼河北省主席）は、五時半過ぎ、要求に応ずる旨を、やはり電話で回答し、時間の延期を要請した。日本軍は六時五十分ごろから迫撃砲を使って攻撃、約三十発を発射し、一般市民にも死傷者の発生をみた。九日夜も日本租界との境界線に沿って、銃声、あるいは機関銃の音が間断なく響き、租界周辺は翌十日にかけて非常に緊張した空気が続いた。香椎司令官は増兵を中央に要求したが、中央は、中国問題を一挙に解決するためには、少数兵力の派遣はかえって弊害があり、むしろ中国側の不法によって若干の犠牲をはらうのが有利だとの見解で、増兵の措置をとらなかった。

この土肥原が策謀した天津暴動のかげで、溥儀の脱出が実施された。十日夜、厳戒裡の日本租界から溥儀はひそかに脱出し、上角らに迎えられて大沽《タークー》に下り、そこで待ちうけていた淡路丸に乗船、十三日早朝、遼寧省営口に着いたのである。溥儀一行には鄭孝胥《ていこうしょ》父子が随従していた。溥儀は、営口で民衆に歓呼で迎えられると予想していたが、日本人が少数出迎えたにすぎなかったので失望した。出迎えた日本人のなかには甘粕正彦もいた。溥儀一行は、湯崗子温泉にいったん入ったのち、十八日、より安全な旅順大和ホテルに移されたのである。

関東軍は、溥儀が自発的に天津を脱出し、保護を願い出たので、人道上の見地から請いを容れ、とりあえず湯崗子に収容し保護を加えると発表した。同時に溥儀の行動に関する一切の記事の発表を禁止し、溥儀自身の行動も束縛して、事実上軟禁状態に置いたのである。

関東軍は九日、擾乱勃発の報を聞くと同時に、錦州方面の中国軍攻撃を計画し、奉天の混成第三十九旅団に出動準備を命じたが、十日以後、事態が沈静に帰したので、出動を延期した。しかし関東軍は、後述するようにすでに北満作戦を開始していたので、錦州、天津への援助部隊派遣は事実上困難になっていた。以後天津においては散発的な交戦が起こったが、十五日、河北省主席王樹常は、みずから支那駐屯軍司令部に香椎司令官を訪問し、日本軍への敵対的行動、日本租界より三〇〇メートル以外の地帯への保安隊の撤退が確実に履行されなかったことなどを陳謝した。香椎司令官は、その際、㈠、排日宣伝の取締り、㈡、対日軍事施設の撤去、㈢、租界外周より三〇〇メートル以内の地域には拳銃を携帯する巡察のみを配置すること、等を承諾させた。張学良は華北の兵力をしだいに天津付近に集中し、その数は約四万と称せられ、また天津における排日運動は激化し、「対日即時開戦」「対日経済絶交」などの叫びが天津の街に充満したのであった。

天津事件当時、天津には日本人五八〇〇人、朝鮮人五〇〇人が在留していた。事件の勃発をみたのち、十二日から十五日までの間に、老幼婦女を中心として四九〇人が内地あるいは大連に引き揚げた。

南陸相は、連盟理事会再開を前にして十一月十五日、連盟における空気にも鑑み、「茲暫《しば》らく溥儀をして主動たると受動たるとを問わず政権問題に全然関係せしめざる如く」指導するよう関東軍に指示した。

黒竜江省政府主席万福麟は、満州事変勃発当時、チチハル（斉斉哈爾）にいなかった。五月以来、その精鋭部隊とともに北平に駐屯していたのである。チチハルは人口一八万七二八〇人の都市で、日本人居留民は二二九人にすぎなかった。張海鵬軍が関東軍の使嗾《しそう》によって北上の姿勢をみせると、万福麟は北平から黒竜江省軍主力にチチハルに集中するよう命じた。そして十月八日、黒河警備司令歩兵第三旅長馬占山《ばせんざん》を黒竜江省軍の総指揮に任じた。馬は、十一日、張学良から黒竜江省政府委員ならびに主席代理に任ぜられ、十二日、黒河を出発、十月十九日、チチハルに到着した。省内各地よりチチハルに集中した中国軍は五千余に達した。十月中旬黒竜江軍（以下馬占山軍と称する）と張海鵬軍は嫩江《のんこう》を隔てて相対峙した。馬占山軍は、嫩江北岸の防禦を強化するとともに、十月十五日から十八日にかけて、南北を通じる唯一の交通路である洮昂鉄道（洮南—昂昂渓）の嫩江第一、第二、第五橋梁を焼却破壊し、張海鵬軍の前進を阻止した。嫩江の沿岸幅一〇キロから一五キロの地帯は大沼沢地で、流水部は幅三、四百メートルあり、鉄道橋か舟艇以外に渡河の方法はなかった。洮昂鉄道は、一九二六年、満鉄が出資建設したものであるが、以後全然元利金が支払われず、鉄道は満鉄の担保となっていた。しかも、ちょうど北満特産物の出廻り期であり、洮昂鉄道が杜絶すれば、その接続線である満鉄本線に与える損害が甚大というのが、修理を強行実施しようとする関東軍の理由づけであった。

関東軍は、林義秀《はやしよしひで》少佐をチチハルに派遣し、鉄道橋梁の修理を馬占山に申し入れさせた。林は、二十六日チチハルに着き、翌二十七日、黒竜江省政府委員趙仲連と会見し、黒竜江省政府が江橋駅以北の破壊橋梁を明二十八日より一週間、つまり十一月三日までに修理することを要求し、もし期限内に修理し得ないときは、日本軍の実力掩護のもとに満鉄をして修理させせると通告した。さらに十一月二日、林は趙に対し四日正午までに、南北両軍（張海鵬軍および馬占山軍）は橋梁より一〇キロ以外の地に撤退するよう、期限付通告を行なった。

本庄司令官は、十月三十日、吉林の歩兵第十六連隊（浜本連隊長）に、十一月三日正午までに江橋付近に出動、満鉄の架橋工事を掩護するよう指示した。歩兵第十六連隊を中核として編成された嫩江支隊は一日吉林出発、二日、四平街から列車三十二輛で午前零時十分鄭家屯着、野砲兵一小隊が参加して洮南に向けただちに出発した。この列車には満鉄の現業員と修理材料も積載されていた。支隊主力は、四日夜十二時江橋駅に到着した。石原参謀も、二日飛行機で洮南に飛び、この作戦を指導した。

四日午後一時前後、第五橋梁修理掩護のため出動した日本軍（第七中隊）が、大興駅南約一キロの地点に達したとき、馬占山軍は射撃を開始し、ここに彼我の戦闘が開始された。第七中隊は戦死一、負傷一四を出し、第五橋梁地点まで後退のやむなきにいたった。以後、応援に出動した嫩江支隊第二大隊（小園江邦雄少佐指揮）も苦戦をかさね、五日のみで戦死三三名、負傷八五名を出した。関東軍は、石原参謀の要請にこたえ、四日夜長春にいた第十六連隊の残部第三大隊に江橋への出動を命じ、また第二十九連隊からも第一大隊（名倉少佐指揮）を派遣した。これら増援隊の応援を得て、日本軍は、六日正午、ようやく大興駅付近に到達することができた。

この間、嫩江支隊苦戦の報に、関東軍は五日午前、長谷部第三旅団長に歩兵第四連隊を率い嫩江に急行するよう命じ、長谷部は六日午前八時、江橋に到着、嫩江支隊長を浜本と代わった。

本庄軍司令官は、さらに十一月六日午前十一時、多門第二師団長にも出動を命じたが、その後長谷部少将、浜本大佐から戦況好転の報告があり、大興占領の実現をみたので、第二師団長の指揮する増援隊は四平街付近に待機し、原駐地に帰還した。

六日午後二時三十分、大興付近の馬占山軍が敗走したため、長谷部支隊は同地周辺を占領、嫩江橋梁の修理を掩護することになった。この四日から六日にかけての戦闘に参加した日本軍は、増援隊を合して歩兵三大隊、将校以下一五四四名（十一月四、五日の戦闘に参加したものは八〇〇名）で、戦死は四六名、負傷者は一五一名に達した。九・一八以後最大の戦闘であった。馬占山軍（歩・騎兵約二三〇〇名）も黒竜江省側の発表では損害戦死二〇四名、負傷五〇〇名を出した。しかし、大興の戦いで日本軍は馬占山軍に重大な打撃を与えることはできず、馬軍はひきつづき大興、三間房間に盤踞し、反撃の機をうかがう態勢をとった。

軍中央は、北満に対する武力使用には原則的に反対であった。金谷参謀総長は、橋梁修理掩護のための兵力使用には同意したが、目的達成後はすみやかに撤退するよう指示し、「要するに内外の大局に鑑み嫩江を越えて遠く部隊を北進せしむるは如何なる理由あるも断じて許されざるものとす」と命じた。

中央の強い牽制によって関東軍のチチハルへの進撃が一時停止すると、チチハル国民党党部は七日以来活潑な行動を再開し、市内各処に排日ポスターを貼り出したり、排日ビラの撒布を始めた。党部職員は「領事館の国旗を引下せ」「彼等を鏖殺《おうさつ》せよ」等激越な演説を行ない、在留日本人に対する圧迫も露骨になってきた。黒竜江省軍は各方面の軍隊を続々前線に集中し、其数二万に達した。

嫩江橋梁の修理は、結局北満出兵の口実を得るのが目的であったことは、片倉機密政略日誌に明らかである。板垣、石原、片倉ら幕僚は、北満派兵の口実を得られず、出兵を断行し得ないならば、満蒙問題の解決もまた期し得ないと判断しており、片倉によれば北満出兵は九月十八日来の重大決意であった。

十三日午前九時、嫩江橋梁の応急修理がようやく完成し、第一列車はもうもうたる白煙を吐きながら大興停車場に到着した。同日、本庄軍司令官は、昂昂渓方面の敵は、近く攻勢に転ずると判断し、もし敵が来攻すれば随時攻勢に転じ、これを撃滅するため、多門師団長に師団全力を挙げて嫩江支隊方面に急行するよう命じた。多門師団長はこの日長春にいたが、翌十四日夜、江橋に到達した。

馬占山軍との全面的戦闘開始の気配がしだいに濃厚となってきたので、日本は東支鉄道への日本軍の接近、あるいは同鉄道の横断にソビエトがどのような反応を示すかを注目した。黒河に駐屯していた馬占山軍に対し、対岸のソビエト軍から兵器が援助されているのではないかとの臆測がしきりになされた。十月二十八日、広田大使はカラハンを訪問し、馬占山が黒河でソ連将校と連絡したこと、馬軍に対し、ソ連軍から高射砲、重機関銃等若干の武器が供給されつつあるなどの情報を伝えたが、カラハンは「虚構も甚しきナンセンス」と強く否定した。そして翌二十九日ソ連は、満州において戦っているいかなる側にも援助を与えず、厳正不干渉の政策をとると発表した。十一月六日、人民委員会議長モロトフ（V. M. Molotov）は十月革命前夜祭で演説し、そのなかで日本の新聞や有力者、また欧米の多くの帝国主義的新聞が満州事変を赤化の危機と結びつけようとしていることを批判し、同時に国民党に対しても、帝国主義と戦わない国民党は帝国主義の代弁であると非難した。

十四日、日本軍は馬占山に対し、㈠チチハル以北に撤退し、今次の事件のためチチハル、昂昂渓に集中した兵力を原駐地に帰還させる、㈡、馬占山軍は東支鉄道以南に兵力を出動させない、㈢、洮昂鉄道の運行をいかなる方法をもっても妨害しない、㈣、以上の条件を十一月十五日から十日以内に実行する、㈤、日本軍は、右条件の実行を確認したのち、ただちに洮南以南または鄭家屯以東に撤退する、の五項目を十六日正午の期限付で要求した。

この要求は参謀本部の指示によるものだが、関東軍は㈠の馬占山軍撤退地域に関し、指示にあった「チチハル（之を含む）以北」を「チチハル以北」に改め、かつ指示になかった回答期限を十六日としたのである。

十一月十六日の閣議は、南陸相がチチハル占領を提議したため、きわめて紛糾した。南陸相をのぞく全閣僚は、チチハルへの進出に反対であった。これでは外交は実施できないと判断した幣原外相は、パリの我が代表を辞職させると発言、政党出身の各大臣も辞意を表明するにいたった。すでにチチハル占領を容認していた軍中央、とくに南陸相は幣原はじめ閣僚の強い反対にあい困惑し、十六日夜上原《うえはら》（勇作《ゆうさく》）元帥を訪ねたうえ、翌十七日、若槻首相を病床に見舞い、チチハルへの軍の進撃は馬占山軍に対するものであって、馬占山軍を撃退したのちはすみやかにチチハルを撤退すると述べ、ようやく首相の了解を得た。参謀本部は、馬占山軍と戦闘の場合、チチハル以北への関東軍の進出を認めたが、チチハルを北満攻略の拠点としてひきつづき占領することは許さず、主力部隊は鄭家屯以東に後退集結させるよう関東軍に命じたのである。

馬の回答は十七日期限後到着し、かつ不満足な内容であったので、ハルビン特務機関の百《ひゃく》武《たけ》（晴吉《はるよし》）少佐は受取りを拒み、翌十八日から戦闘が開始された。関東軍は十八日、「軍は成るべく速に黒竜江省の安定を図らんとす、第二師団は敗敵を急追し之を殲滅すべし」と命令し、十九日第二師団はついに省都チチハルを占領した。

この戦闘に参加した日本軍は、歩兵約十一箇大隊、騎兵二中隊等、将校以下五九〇〇名で、戦死は五八名、戦傷は二二七名であったが、凍傷患者九九六名を出し、このため全軍に対する損害の比率は約二割に達した。馬占山軍は、歩兵八七〇〇、騎兵三一〇〇で、損害は戦死六〇〇、負傷五〇〇と中国側は発表した。馬占山軍は克山より海倫に撤退し、同地で残存部隊を集結して再挙を図ろうとした。

馬占山軍がチチハルを放棄すると、ハルビンに駐屯している東省特別区行政長官張景恵は、十一月二十日独立し、国民政府との関係を断ち、黒竜江省に新政権を樹立する旨を宣言した。かくしてチチハルを最後に、奉天、吉林、チチハルと東三省各省政府所在地は、ことごとく日本軍の掌握下に入ったのである。

パリに出張して連盟対策に従事していた有田《ありた》（八郎《はちろう》）オーストリー公使は、「嫩江派兵よりチチハル進出に至る最近の発展を目撃しては事の余りに無謀なるに唖然たらざるを得ず」と、チチハル占領を非難した。有田は、歴史的地理的関係がより密接な南満においてすら問題の解決に武力を用いるのは慎重を要するのに、利害関係の薄い北満の経略に武力を用いるのはとうてい理解できず、そのもたらす国際関係上の危機は測り知れないと憂慮したのである。

排日ボイコット

七月の万宝山事件、これに続く朝鮮各地での中国人虐殺事件の結果、上海はじめ中国各地で日本商品ボイコット運動が始まっていたが、九・一八以来の満州侵略がいよいよ排日運動を激化させたことはいうまでもない。上海では九月二十六日、排日デモが大規模に挙行されたが、十月三日上海抗日救国会が決議した対日経済絶交案は、排日運動の具体的な様相をよく示している。それは、まず絶交方法として、日本商品を買わず、売らず、運ばず、用いずとあげ、さらに日本船への乗船および積荷、日本紙幣の受納、日本人への被雇用、日本系新聞紙への広告などを拒否することを規定した。次に懲戒方法としては、重大な違反者を売国奴として極刑に処するのをはじめ、貨物、財産の没収から拘禁、街頭引廻しまで、種々な懲戒手段を列挙していた。

	1930年	1931年	減
1～8月	179,607	144,999	34,608（19.2％）
9　月	24,418	16,307	8,111（33.2％）
10　月	28,093	9,555	18,538（65.9％）
11　月	24,218	4,903	19,315（79.7％）
12　月	24,561	4,866	19,695（80.2％）
合　計	280,897	180,630	100,267（35.5％）

単位千円

対中国輸出貿易に現われたボイコットの影響（満蒙および関東州をのぞく）

事変勃発以来、日本の対中国輸出がいかに大きな打撃を受けたかは、輸出統計をみれば歴然としている（表参照）。

もちろん、この年（一九三一）の日本の対中国貿易は前年に比して不振で、万宝山、九・一八両事件勃発以前すでに減退傾向を示していた。さらに揚子江流域の大水害が購買力の減退をもたらしていることも事実であった。しかし、これらの現象を考慮しても、排日ボイコットが日本の対中国輸出に与えた影響は深刻なものがあったのである。

日本は、中国による日本商品ボイコットが、国民政府と表裏の関係にある国民党の直接、間接の指導のもとに、国策遂行の手段として行なわれている点を重視した。これは個人の自由意志にもとづくボイコットと同一視し得ないというのである。関東軍が錦州を爆撃した翌日、十月九日、外務省は国民政府に、このような排日ボイコットは武力によらない敵対行為であり、ことに私的団体にすぎない反日会が個人に対し刑罰を科するのは、あきらかに国家の権力を否認するもので、中央政府が日貨排斥運動の取締りをまっとうしないならば、一切の責任を負わなければならないと厳重に抗議した。

国民政府は日本の抗議に対し、日本軍が突然中国領土に侵入し、遼寧省、吉林省の各地方を占領したうえ、戦時でも国際公法の許さない無辜の人民の殺戮、無防備都市の砲撃、客車への射撃、公人、私人の財産の没収を実施したことを指摘したうえ、これらの暴挙に対する中国人民の憤激がわずかに日本商品のボイコット程度に限られていることは、全世界の驚異とするところであると反論した。そして物品購入の自由、選択は個人の権利でいかなる政府もこれに干渉することはできず、日中両国の感情の疎隔および通商上の困難は、まったく日本軍隊の種々な不法行為が招いた当然の結果であり、責任は日本にあると主張した。

中国各地で展開された日本商品ボイコットが中国民衆の日本の侵略に対する抗議のあらわれであることは確かであったが、同時にそれが国民党の指導のもとで組織的に実施されていることも否定しがたかった。少なくとも、反日会などの日本商品の封鎖、監視、抑留、あるいは日本商品を取り扱った中国人への罰金、監禁などの措置に対し、中国官憲の取締りがきわめて寛大であったのは事実であった。

十月下旬には、上海における日本の貿易はほとんど停止するにいたり、通常は毎月三万トンの貨物を日本から上海に運搬していた日本郵船も、十月下旬から十一月下旬にかけて、わずか三〇〇トンの積荷しかない状況であった。中国沿岸航路の大阪商船、大連汽船、日清汽船の諸社も、中国商人の積荷は絶無となり、わずかに日本人、外国人商人の積荷が平常の一、二割あるのみであった。特に揚子江を遡航する便は、まったく積荷皆無という状況で、上海の港湾労働者も、十月下旬から日本商品の取扱いを拒否するにいたった。

排日の影響は在留日本人の日常生活にも脅威を与えるにいたった。米、薪炭などの購入が妨害を受けるようになり、日本人関係の電話、電信、郵便物などにも、妨害、遅延、抑留などの現象が頻発するようになった。

このような中国各地の排日の深刻化に対し、強硬措置の実施を政府に迫る動きが各方面に強まってきた。もっとも直接に日本商品排斥の影響を受けた揚子江流域の日本人は、十一月一日、上海で居留民大会を開き、「彼等は既に経済絶交により我が商権を覆滅しつゝあるのみならず、白日の下、邦人の住居を破壊し糧道を断ち、暗夜私かに無抵抗の婦孺を襲ふ……事既に茲に到る。今や百の対策も以て支那の狂妄を匡治するに足らず、千の善処も以て此の危局を挽救するに由なし、唯一にして最善の正路は蹶然起つて支那を膺懲し、以て友邦の改過遷善を企求するに在り。矢既に弦を離る。今や商量論議の秋にあらず、要望するところは唯夫れ『断』の一字あるのみ」と指摘したうえ、次の二項目の決議を行なった。

一、東洋の平和を確保し日支両国の福利増進の為に、日本帝国は断々乎として暴戻支那を膺懲すべし

二、事案解決は日支直接交渉に拠るべく、欧米其他無理解なる容喙は之を排除すべし

すなわち、中国膺懲と欧米の干渉排除をうたったのである。

中国関係の有力財界人を網羅した日華実業協会は、十一月十五日、パリの芳沢大使に対し、国民政府が行ないつつある排日教育が満州事変の原因であると断定し、「日貨は焼棄せられ、日貨を取扱ふ日本に好意を有する支那人民は、政府指導の下に在る排日運動者のため国法に拠ることなくして処罰せられ、財産を奪はれ、甚しきは檻に入れられて市中引き廻しの私刑をさへ加へられ、廉価優良なる日本貨を求めむとする支那民衆の欲望は支那政府の斯かる不信不法なる行動に依り人為的に抑圧せられ居れり」と排日ボイコットの不法を訴えた。この日華実業協会の通電が、中国は国家と称するが、実体は混乱せる集団の散在にすぎないので、国際法の適用は困難であり、日本の自衛行為は真にやむを得ないところと指摘しているのは注目された。また日本としては、自己の存亡にかかわる問題を国際連盟の判断、裁量に一任することはできないとも主張したのである（「満州事変と我が輿論」、『外交時報』昭和六年十二月十五日号）。

関東軍が北満州への侵攻を開始したのは、十一月十六日の連盟理事会再開を前にして、日本の対中国輿論がきわめて硬化しつつあるときであった。

幣原外交の終焉

連盟理事会は、十月二十四日から十一月十六日まで約三週間の休会に入った。この間、日本をのぞく理事国全部が賛成した付属地への期限付撤兵決議について日本がどのような反応を示すか、世界が息を呑むようにして注視していた際、日本軍が新たに北満州に軍事行動を起こし、黒竜江省の省政府所在地チチハルに向け進撃を始めたことは、大きな失望を中国はじめ列国に与えた。

アメリカのスチムソン国務長官は、日本の主張した五大綱目について、十一月四日、出淵大使に「唯米国政府としては、日本の主張悉く正当なりと認むるも、右に付満足なる解決を見ざる限り撤兵するを得ずとの言分を聊か無理なる様考へる次第」とその立場を明らかにした。スチムソンは、理事会が期限付で日本の撤兵を促したことには不満であった。十一月五日、日本に帰任したフォーブス（W. C. Forbes）駐日アメリカ大使は、ただちに幣原に会見し、アメリカは、日本のいう基本的大綱の成立を撤兵のための前提条件とすることには反対であり、基本的大綱が軍事的圧迫のもとで強要されてはならないと通告した。

しかし、スチムソンも、日本において軍部の勢力が支配的となり、政権を掌握する可能性が強まったことを認めざるを得なかった。十一月七日、スチムソンはホワイトハウスでフーバー大統領と、もし軍事政権が日本に成立した場合の対応策について協議した。大統領は対日禁輸とか経済的圧迫の実施は刺戟的であり、戦争に発展するおそれがあるとして反対であった。スチムソンも、経済封鎖が戦争をみちびく危険については大統領と同感であった。大統領は、駐日大使の召還を対策として考え、またアメリカ国民が、自発的に対日貿易を中止して、日本に圧迫を加えることには反対ではなかった。

スチムソンは、七、八日、顧問たちと、大使召還、あるいは天皇への直接呼びかけなどを協議した。大統領は、しだいに大使召還説に消極的となり、むしろ軍事的圧迫下に締結された条約は承認しないという通告を日本に発することがもっとも効果的ではないかと、九日、ホワイトハウスに立ち寄ったスチムソンに話した。スチムソンは、大統領の構想をキャッスル国務次官、ホーンベック極東部長等と検討した。ホーンベックは、この措置は一九一五年、日本の二十一箇条要求について実施したが、効果を収めなかったと否定的であった。しかしスチムソンは、当時とは情勢が異なっており、また世界のすべての国が不承認に踏みきれば非常に強い効果をもつであろうし、一九一五年の通告もただちに効果はなかったが、結局、山東問題の解決に強い影響を及ぼしたと指摘したのである。

十三日（金曜日）の閣議で、ハーレー（P. Hurley）陸軍長官が、日本はとにかく満州を支配しようと決意しており、力による制裁以外に対抗の途はないと軍の見解を示唆したのに対し、スチムソンは、アメリカが国際連盟に参加しないのは、軍事力による制裁方法を拒否したからであり、条約維持のため、輿論の支持だけを頼ることは、現政権がきめたことではないと反駁し、大統領もスチムソンを支持した。

スチムソンの心裡には、幣原外相への期待と、現地満州における事態への不安が入り交っていた。九日出淵大使がもたらした幣原の回答は、きわめて協調的で、広汎な紛争の解決を日本軍の付属地への撤兵の前提条件としないことなどを保証した。スチムソンは安堵する一方、日本軍が満州で傀儡政権を樹立しようと工作しているのを、政府が抑制し得ないのではないかと憂慮した。このようなとき、十九日、ワシントンの新聞は、日本軍が馬占山軍を破って、北満の要衝チチハルを占領したことを伝えた。スチムソンは、事態はまったく明らかになったとさとった。チチハルは、日本の満鉄付属地から数百マイルも離れており、日本軍の行動は完全に不戦条約、九箇国条約に背反している、日本政府はいまや統制力がなく、事実上、狂犬（mad dogs）の支配下に置かれていると、スチムソンは十九日の日記に誌した。日本軍の目的は反日的な張学良政権の絶滅にあることを、スチムソンははっきりと認識したのである。

スチムソンの依頼でパリに赴き、理事会対策に当たっているドーズ（C. G. Dowes）駐英大使から、十九日、連盟が制裁問題、対日貿易の禁止措置をとりあげるだろうと報告してきた。スチムソンは、サンドイッチで昼食をすませ、ホワイトハウスに赴き、大統領と協議した。もし連盟が対日禁輸に踏みきるならば、アメリカはそれを妨害するような措置はとらないというスチムソンの方針に、大統領は同意した。大統領は、アメリカ国民は疑いなく対日禁輸に賛成であり、自発的に対日貿易を拒絶し、プライベートな禁輸を行なうであろうとドーズに伝えるよう指示した。

翌二十日（金曜日）、パリの理事会が、戦闘の中止と、事態調査のための中立委員会の派遣に一致したとのニュースが伝えられ、アメリカも参加を求められていることを知ると、スチムソンは希望をとりもどした。連盟規約第十五条、第十六条による義務をもつ調査団は制裁と関連するので参加することはできないが、現在の段階での調査団には進んで委員を派遣するというのが、スチムソンの見解であり、大統領もこれを承認した。

翌二十一日、中立調査団の派遣はまだ確定していないことが判明したが、スチムソンは、日本が従来拒絶し続けてきた第三者の満州問題への介入を承認したことに希望を見出した。

松平《まつだいら》（恒雄《つねお》）駐英大使の観察では、イギリスのマクドナルド内閣および一般輿論の動向はかならずしも日本に不利ではなかった。イギリスも中国における権益の擁護に苦い経験をもっていること、今問題になっている満州にはイギリスの利害関係が少ないことなどの理由で、イギリスは満州権益を擁護しようとしている日本にむしろ同情的であるというのが松平の印象であった。日本が迅速に撤兵するならば、連盟対日本という対立関係を、連盟対中国という対立関係に転化させ、ボイコット問題その他中国側の「非行」に関連して、連盟および列国の態度を日本に有利にさせることができると松平は上申した。サイモン（J. Simon）英外相が、十二日パリで、松平に「今日本政府に対し、右より左に撤兵を迫るは無理なることとなるも、さりとて条約の効力問題を議するまで撤兵せずとせば、何時撤兵し得るや見透しつかず、連盟として甚だ困難を感ずる所なり」といっているのは、理事会開催を前にして、イギリス首脳の率直な意思表示とみられよう。

十六日から始まる理事会が、満州問題解決の最後のチャンスであると、パリの芳沢代表も強く認識していた。芳沢は連盟諸国やアメリカ、また一般輿論の動向を考慮し、柔軟な政策をとることを幣原に建言した。しかし十一月七日、日本はブリアン議長に、大綱協定成立が日本軍撤兵の前提という方針を明示した。ドラモンド事務総長は、日本の通告は撤兵と大綱交渉を結びつけ、武力の圧迫によって主張を貫徹しようとする方針を明らかにしたものであり、もはやこのうえ解決案は考慮し得ないように感ずると、杉村次長に内話した。

イギリス、アメリカをはじめ連盟事務当局は、満州における日本の条約上の権益に充分の理解を示しながら、しかし日本が軍事力によってそれを中国に強要することには反対である、という点で一致していた。

芳沢代表の十一月二日付の一七五号電は、列強がなぜ日本に同情的なのか、また日本のとるべき立場はどこにあるかを示唆して重要である。

「支那の国権回復運動殊にボイコット其の他の直接行動に関し、列国が従来甚だしく悩まされ、現に施肇基が支那政府の訓令に依り条約上の権利義務尊重に関する態度を表現するや、英仏等に於ては之を以て予期せざりし貴重なる副産物となし、日本側が此機に乗じ局面展開を行ひ、列強と共に支那に於ける既得の権益確保に乗り出さんことを要望し居れるやの趣にもあり、若し帝国政府に於て此列強共同の希望を後楯として支那側を追求すれば、我立場は甚しく優勢となるべく……。」

この芳沢の視点がどのように十六日からパリで開かれる理事会で展開されるかを注目した

い。

幣原外相は十一月十二日、満州問題についての政府方針をイタリー、アメリカ、中国に駐在する各大公使に伝え、さらに十五日には理事会への対策を芳沢代表に訓令するが、この一連の方針に見られた幣原外相の見解は、従来の幣原の外交路線が明らかに変貌をきたしたことを示す。まず満州問題についての政府方針からみてゆきたい。

この方針は、㈠、朝野ことに政府各部の間に、満州事変処理の方針についてなんら意見の扞格《かんかく》はない、つまり、伝えられるような軍、外務省間の対立などは存在しない。㈡、我が国民上下階級が過去の二大戦役にもまさる国家的危機に再会したと自覚し、国運を賭しても我が権益の擁護に邁進する決意を固めている。㈢、「此の際我が方に於て聯盟の圧迫に屈し、支那側の主張たる撤兵の先行に応ずるが如きことあらんか、右先行に伴ふ現地の混乱は暫く措くとするも、必ずや、支那側は恰も勝利者たるが如き心理の下に我に対し愈々傍若無人の態度に出て、帝国権威の失墜は延て朝鮮統治の上にも重大な悪影響を及ぼす」ので、このような死活の問題に際し、日本として敢然独自の見地に基づき我が地歩の確保を計らなければならない。㈣、撤兵は今育成しつつある地方的治安維持機関の内容を充実させ、その実勢力が奥地方面に波及するのを待って、漸《ぜん》を追って自発的に我が軍の付属地集結を行なうほかない、の四点を強調した。方針の内容はまさに十月初めに関東軍が達していた結論ときわめて相似している。

この一般的な方針を前提として幣原は、十五日、芳沢代表に強硬な理事会対策を指示した。その特徴を列記すれば次のごとくである。第一に、基本的大綱、五大綱目は変更の余地がなく、しかもこれを今後の日中関係の原則としたいので、議定書のような軽い形でなく条約という重要な形をとり、ことに第五項には満州に関する一切の条約、約定、協定、了解等を網羅するという方針を明らかにした。これは一九〇五年に締結された日清条約の満鉄平行線の建設禁止についての条項も包含するものであった。第二に、満州問題の交渉の相手方を南京の国民政府またはその承認する地方政権に限定することは、実際問題として不可能であるとした。これもまたまったく一月前の関東軍の構想と同じである。第三に、撤兵については交渉を省略し、我が方の自主認定で実施する、つまり中国側に五大項目を承認させた上撤兵するか、中国側があくまで第三者の援助を期待し、我が方との直接交渉を回避するならば、やむを得ず地方維持会の発達を待って自主的に撤兵するかの二途しかないことを明示した。

ただこの訓令の最後に、排日ボイコットなどを中心に中国全体の状況を連盟に啓蒙するため、日本が提案して連盟から視察員を中国ならびに満州へ派遣させることも一策であると、調査団派遣の提案が付加されていたことが注目された。この場合、視察は満州に限定されず、むしろ中国各地における対日不法行為ないし一般的排外運動の状況から、進んで中国は外国人の生命、財産の安全を確保する能力があるか、また日本その他各国との条約を履行する能力があるかなどを再検討することが調査団の目的とされたのである。

幣原の理事会を前にしての指示が、パリの日本代表を驚愕させたことは、十一月十四日付の有田公使の電報（二二一号）でも明らかである。有田は幣原の政策に一貫性がないことを「例へば撤兵に関し、当初は生命財産の安固を確保するに至れば遅滞なく撤兵すると称し、中頃に至りては基本条項に関する協定成立するに非ざれば撤兵出来ずと主張し、最近に至りては支那側の地方自治機関の実勢力を各地方面にも波及するを待ちて撤兵する外無かるべしと称するが如き」と指摘する。有田によれば、日本の事変対策は、最初から主張を明らかにし、手段を明示してこれを断行するのではなく、「或種の手段が採られた後に至つて之を弁明擁護するが如き観」があるというのであった。

しかし幣原は、対満政策が一貫性を欠き、また時日とともに変化するのもやむを得ないという認識に到達していた。その主要な理由を幣原は二つあげている。第一は、日本の中国に対する国論が各階級を通じて強硬意見に一致し、ことに従来満州問題に関し比較的冷淡であつた一般民衆の態度が、今や日清、日露戦争当時の状況を彷彿させるにいたったことであった。中国の傍若無人の国権回復運動に対し、我が国民がもってきた意識的、無意識的な深刻な憤懣が一時に勃発したのがその原因であると幣原はみた。第二は、十月事件が象徴するようなクーデターへの強い憂慮である。「国論の極端化を防止するに努むべきこと勿論なりと雖も、紊《みだ》りに之に制圧を加ふるが如きことあらむか、国民の対支激情は忽ち転じて国内的に爆発し一部極端者流の策動と相俟つて勢の赴くところ由々しき事態を惹起するの危険性を包蔵す」と幣原は判断し、事態の進展にともない政策も変化することはやむを得ないと考えるにいたったのである。この段階において、幣原がこのような認識をもつにいたったことは、きわめて重大であるといわなければならない。ここに幣原外交の実質的な崩壊をみることもできよう。

しかし十六日の閣議で、幣原外相は関東軍のチチハル占領に反対して、ジュネーブ日本代表の総辞職を言明するにいたり、政党出身の閣僚も辞意を表明するにいたったことからみれば、ただ単純に幣原の変貌のみを指摘するわけにはゆかない。しかし、幣原外交がまさに危機に直面していることは明らかであった。

注目の連盟理事会は、十六日午後四時からパリで、皮肉にも三年前に不戦条約が締結された同じフランス外務省時計の間で開催された。ブリアン議長は、まず新たに出席したイギリスのサイモン、ドイツのビューロウ（M. v. Bülow）両代表を紹介したのち、事件の経過を概説し、ただちに会議を非公式会議に切りかえた。この切換えは、パリに赴いたアメリカの駐英大使ドーズがサイモンやドラモンドに示唆したとみられる。日本の冒頭声明の内容を知ったドーズは、その声明がなされれば会議はたちまちデッドロックに乗りあげると考え、日中両代表に発言の機会を与えず、ただちにプライベート・ミーティングに切りかえることを勧告したのである。中国側は、公開理事会で輿論を啓発することを強く希望していたので、パリ会議が冒頭から非公開会議に入り、いわゆる大国間の秘密外交の場となることを警戒した。しかし、十六日以後、もっぱら日本側と、連盟首脳部、主要理事国代表、オブザーバーたるアメリカ代表の私的会談で解決案が探究されるにいたった。日本代表（芳沢、松平および吉田茂駐伊大使）は協議のうえ、政府を拘束しない試案として、次の案を連盟理事会に提出した。

一、日支両国政府間に直接交渉を開き、在満邦人安全問題解決の基礎たる所謂大綱に関する日支協定の締結を主張すること

二、右主張にして理事会の受諾する所となるに於ては、将来理事会が支那に於ける排日問題等実際問題に即し決定を為し得る為連盟の視察員（□名《ママ》）を支那（満州及支那本部を含む）に派遣方を考慮すること

の二項である。

つまり、大綱協定の交渉と、連盟による視察員派遣の二点をいわば取引きしようとするのが、日本代表部の意図であった。この試案は、十七日杉村公使からドラモンド事務総長に、松平大使からドーズ、サイモンに、芳沢大使からブリアンに内示され、日本からの具体的解決案の提示として注目を浴びたのである。ドラモンドは、大綱協定と撤兵との関係につき疑問をいだいた。たとえば大綱協定第五項が難航し、交渉が長びけば、撤兵も限りなく遅延するのではないかと懸念した。また撤兵を南京国民政府や国民政府が容認する現地政権と交渉せず、国民政府が叛逆者と見なすものと交渉しようとする日本の方針を、理事会において承認することは、少なくとも表面上困難であると、ドラモンドは見解を表明した。

連盟首脳部は日本提案第一項に難色を示したが、第二項は歓迎した。ドラモンドは、視察員派遣につき、それぞれ一流のイギリスの法律家、アメリカの実業家、フランスの将軍などを視察員として派遣すれば、その意見は各方面より重視され、日中間に存在する危機を一掃

するのに大きな効果があると述べたが、それよりもドラモンドがこの案をきわめて歓迎したのは、これによって少なくとも連盟の権威を一時的にもせよ維持することができるという点にかかっていた。十八日朝、ドラモンドが杉村公使に「自分は勿論目下巴里に集まれる各国理事が今日最も憂慮するは、今回の出来事に依り聯盟に実力無き事暴露せられ、聯盟規約が空文となり、之が為世界平和の将来に対し不安が増大するの一事にして、此際は如何なる窮策と雖も、可なれば之を採用し、以て此難関を切り抜けざるべからず、視察委員会が一流の人物に依り組織せらるるに於ては、之に依り聯盟が建設的に努力せんとするの事実を外観に表明し得る而已ならず」云々と語ったのは、まさにこの間の消息を端的に物語るものであった。日本の提案は、連盟にとって存亡の難関を切り抜け得るほとんど唯一の道と判断せられた。サイモン英外相も第二項をきわめて上策と歓迎した。視察委員に重要人物を選び、アメリカをも参加させ、中国の一切の真相、ボイコットの状況、満州の事情などを調査報告させることは、日本に有利であるとみたサイモン外相は、委員派遣の件を第一項と切り離して日本側から正式に提案するよう松平大使に慫慂した。

施（肇基）中国代表は、中国の忍耐が限界にきていることを強調した。日本軍が不法にも東三省を三ヵ月にわたって占領しているのに対し、連盟や列強が、連盟規約や不戦条約の存在にもかかわらず、有効な措置をとり得ないでいる現状に中国が絶望しつつあるのは事実であり、第十一条での理事会の運営に不満な中国が、連盟規約第十五条、第十六条の適用を要請するにいたることは容易に予想された。

ドラモンドは十九日朝、中国が、第十一条による解決が見込みがないとして、連盟規約の規定するあらゆる手段をつくして解決を計ることを理事会に要求しようとしており、満州の現状からみれば、理事会は中国の要求を拒否し得ない、ただ、今日中に日本側から連盟視察員の派遣を提議するならば、第十五条の適用をくいとめることに全力をつくすと、日本が至急視察員派遣を提案することを強く勧告した。芳沢代表らも、視察員派遣の中入れを最良の切抜け策と判定し、第一項と切り離しての提案について幣原外相の承認を求めた。幣原は、この要請をうけて、二十日、極東の安寧、秩序攪乱の原因である中国の全般的視察（排外排貨運動の状況、中国の条約履行能力等）を目的とする委員会の任命に賛成すると訓示した。ただし、この委員会が日中の直接交渉に干渉したり、日本軍の行動を監視したりするような趣旨を絶対にふくまないことを条件とした。

施代表は二十一日朝、ドーズ米大使と会見、規約第十、第十二、第十四、第十五、第十六条の採用にふれたが、ドーズの賛意を得られなかった。幣原の回答を得て、第二回公開理事会は、第一日の十六日から五日後の二十一日午後四時半、ようやく再開をみた。二日前の十九日、関東軍は長駆、黒竜江省チチハルを軍事占領し、理事会の空気は緊張していた。

芳沢代表は、理事会に視察員の派遣を正式に提案し、その趣旨を説明した。施代表は、視察員の派遣に反対はしなかったが、嫩江やチチハル方面の事態にふれ、戦闘行為の即時停止と、日本軍の撤兵が重要なことを指摘した。セシル英代表（サイモンの代理）も、この視察委員会が任務遂行中に、ここ数週間そうであったように、戦闘行為がもし継続されるならば、我々の意図する目的は完全に失敗すると、中国代表の憂慮に沿って発言した。しかし、とにかく日本の視察委員派遣の提案は、全理事の賛成を得て、決議案の起草にかかることになった。

二十三日朝、日中両当事国をのぞく十二ヵ国理事会が開催され、提出された決議案草案について討議を進めた。この決議案作成に際し、日本側が重要視したのは、次の諸点であった。㈠、調査員はイギリス、フランス、アメリカの三国から出すこと、㈡、調査範囲は極東の安寧、秩序攪乱の原因たる中国の全般的状況とする、つまり満州の事態のみならず中国全土を調査の対象とすること、㈢、調査団は今次事変に関する日中直接交渉に干渉し、または日本軍の行動を監視するようなものであってはならないこと、㈣、日本軍の匪賊討伐権を留保すること、㈤、戦闘行為を行なわない旨の厳重な命令を両国がそれぞれ軍司令官に与えるという項目を拒否することなどであった。

㈠の調査員をイギリス、アメリカ、フランスの大国に限ろうとしたのは、もし極東に関係の薄弱な小国からも委員が選任されるときは空理空論に流れ、実益が乏しくなるという理由からであるが、小国が中国に同情的であるのを顧慮した結果であった。しかしイタリー、ドイツが強く参加を主張し、結局調査団は五名で構成されることになった。

㈡の調査範囲を満州の事態だけでなく、中国の全般的状況に拡大することは、調査員派遣の構想の当初の出発点から、日本側の意図であったことは前に述べた。つまり、日本はこの全般的調査により、中国の排外運動、治安維持能力を査定し、近代的国家として国際法の適用対象に中国がなり得るか否かを明らかにしようと企図したのである。施中国代表は、この点に強く反対した。二十三日深更まで、施はブリアン、サイモン、およびドラモンドを歴訪し、日本軍隊が付属地外に出兵したまま視察委員を派遣し、しかも日本側が主張するように広汎な事項を中国全土につき調査させるのは、中国側からみれば理事会が従来の態度を一変したものと解せられ、まことに心外千万であると抗議した。しかしブリアン、サイモンら連盟首脳部は施の抗議に冷淡な反応しか示さなかった。たしかに侵略を受けた中国が、その全般的状況を調査されるということについて、不満であったのは当然であったといわなければならない。

㈣の匪賊、馬賊の討伐権を日本軍に認める問題は最後まで難航したが、結局認められた。㈤の問題、すなわち決議案中に、両国政府がその軍隊司令官に対し、今後の戦闘および生命の喪失に至るがごとき一切の行動を差し控えるべき旨のもっとも厳重なる命令を与えるという趣旨の字句があったのであるが、二十七日、杉村公使はドラモンドに対し、この字句は「欧州各国人には到底想像し得ざる憲法上の困難を日本に於て惹起し、徒らに政府を苦しめる結果となる」ことを理由に削除を申し入れたのである。このような規定が統帥権干犯問題を起こすのを、幣原外相は強く憂慮した。最終決議においてこの部分は、日本の主張により、「両当事国が……此の上戦闘又は生命の喪失を惹起することあるべき一切の主動的行為を差控ふべきを約する」云々と漠然たる表現に改められた。

十二ヵ国理事会、あるいは起草委員会の決議案作成までの態度は、「委員会は多くの場合に於て我が方の主張を容れ、支那側を抑へ付くるの傾向ありき」（外務省「国際連盟に於ける日支事件討議経過調書」昭和七年六月）と評されるように、日本の主張にきわめて宥和的であったのである。十二月十日の理事会は、満場一致で決議案を可決した。ここに「国際関係に影響を及ぼし日支両国間の平和又は平和の基礎たる良好なる了解を攪乱せむとする虞れある一切の事情に関し実地に就き調査を遂げ理事会に報告せんが為五名より成る委員会を任命する」ことが正式に決定された。そして、芳沢は決議案受諾に際し、日本軍の満州各地における「匪賊、不逞分子」の討伐権を留保した。

理事会は、かくして翌年一月二十五日の次回通常理事会開催日まで休会することになった。九月三十日の決議以来、はじめて全会一致で決議が成立したのであるが、その内容、意義はまったく異なるものであった。九月三十日決議には、事変解決への企図が存在していたが、十二月十日決議は、問題の即時解決の困難さを認識したうえで、連盟の権威を維持しようとした一時的な局面打開策という色彩が強かった。満州事変勃発以来の経過は、表面的には糊塗されたとはいえ、理事会の平和維持の機能が、大国の前にいかに無力であったかを如実に示していた。十二月十日の理事会決議を日本の外交的勝利とみなす見方が強い。すなわちこの決議は日本が九月十八日以来得た成果の一つをも剝奪するものではないという点である（*L. Stimson and Japan 1931-1933*）。また緒方貞子《おがたさだこ》『満州事変と政策の形成過程』も、調査団の派遣を決定したことは日本にとって外交上の勝利である、なぜなら、調査団の派遣は、日本が満州事変をみずからの意図に従い処理する時間的余裕を与えた、と指摘する。しかし、この決議を単に日本外交の勝利とみるよりも、理事会にみられた連盟・列強↕日本という対立関係が、少なからず連盟・列強↕中国という対立関係に変質しつつあったことに注目すべきであろう。そして、それはまた中国が置かれている不平等条約体制という国際的地位により即していたということができるのである。

この点に関し、リンドレイ英大使が十二月二十三日、永井外務次官に面会し、サイモン外相の訓令によって日本軍の錦州攻撃への警告を発するとともに、中国の治外法権撤廃に対処するため日本の協力を要請したのは、まさに象徴的であった。国民政府はこの年五月四日、一九三二年一月一日から一方的に外国人の治外法権を廃止する方針を列国に通告し、その実施時期が迫っていたのである。イギリスは、もし中国が治外法権を一月から一方的に廃止した場合、それを黙過しない方針をきめ、日本も列国共通の利益を擁護するため適当な措置をとるよう要請した。

国民政府は十二月二十九日、一方的廃棄措置の延期をきめ、事態は緩和された。しかしイギリスは、翌一九三二年一月初め、中国地方官憲がもし治外法権を侵害した場合、日本が法権維持のため共同行動をとるよう正式に要請し、日本側もこれにこたえた。このように日英協調の機運がたかまったことは、列強対中国という基本的な対立をとらえる上で注目すべき出来事であった。

十二月十日の連盟理事会の決議の成立を待つようにして、若槻内閣は安達《あだち》(謙蔵《けんぞう》)内相の挙国一致内閣の構想をめぐって総辞職、十三日犬養(毅)政友会総裁が内閣を組織した。幣原外交は名実ともにここに終焉したのである。

スチムソン・ドクトリン——不承認方針

若槻内閣崩壊のあと、政友会犬養毅に大命が降下、十二月十三日、犬養内閣の成立をみた。注目の外務大臣は犬養首相が兼任し、陸相には荒木貞夫中将が登場した。外相については、犬養は駐ソ大使の広田弘毅の登用を考えたが、政友会の森（恪）は、イタリー駐在の吉田茂を推し、結局犬養の女婿で連盟理事会の日本代表である芳沢駐仏大使を召還し、外相として迎えるにいたった。

関東軍はかねて張学良の満州における最後の拠点錦州の攻略を急いでいたが、軍中央も錦州占領を承認するにいたったことは、南陸相が若槻内閣崩壊直前の十二月七日、本庄司令官に与えた指示からもうかがえる。南は同日、外務省と打ち合わせた結果として、遼西（遼河西方）地方の匪賊討伐が張学良軍との衝突となり、それが結局錦州占領という事態にまで発展してもやむを得ない、という見解を本庄司令官に伝えた。これは、十日の連盟理事会で調査団派遣決議採択の際に芳沢代表が行なった、日本軍の「匪賊、不逞分子」に対する必要な討伐行動を妨げるものではないという留保と、彼此相通じており、芳沢の留保は、錦州攻略と関連して解釈せられるにいたった。

南陸相の指示から中央の錦州攻撃への意図を了解した関東軍は、十二月十二日、錦州攻撃方略を確定、具体的な実施計画の樹立を急いだ。軍中央（犬養内閣の成立、荒木陸相の就任によって、軍中央では十二月二十三日、金谷参謀総長が更迭され、載仁《ことひと》親王が新任したのをはじめ、参謀次長も一月九日、二宮治重から真崎甚三郎《まさきじんざぶろう》にかわった）は、関東軍の要請にこたえて、十二月十七日、姫路の第十師団から混成第八旅団の満州派遣を下命した。

本庄軍司令官は、十二月二十四日、第二師団に、二十八日遼河の線を出発し、前面の敵匪を掃蕩のうえ溝幇子に向かい前進するよう命令した。そして翌二十五日、中央に「……遼西の敵は匪賊と官兵と相混じ錦州附近敵主力軍より有力なる支援と指導を受けあるは明なり、依て軍は一度遼西の匪賊討伐を開始せば同時に一挙同方面に在る全支那軍に対し作戦を開始す」と上申した。つまり錦州攻略である。二宮（治重）参謀次長も十九日、関東軍に匪賊掃蕩の名目をもって、錦州に接近するよう指示していた。

関東軍は錦州攻撃実施に際し、背後の満鉄沿線が不安になるのをおそれ、二十六日夜、朝鮮軍より至急少なくとも混成一旅団（師団司令部を付す）の増加を中央に要請した。中央はただちに二十七日夜、朝鮮の第二十師団司令部、混成旅団の満州派遣を命じ、同時に重爆撃飛行中隊一を満州に出動させた。

第二師団は、十二月二十七日遼河を渡河し、田荘台に集結、師団司令部も遼陽より営口に移った。つづいて第二師団は盤山に前進した。一方、混成第三十九旅団は、一部は自動車で、主力は列車で三十日朝、新民、奉天を出発、打虎山に向かったが、ほとんど抵抗を受けずに、同日打虎山、翌三十一日溝幇子に到着した。第二師団も三十一日夕、一部が溝幇子に到着、第三十九旅団と連絡したので、以後第二師団長が混成第三十九旅団をあわせ指揮した。多門第二師団長は一月一日混成第三十九旅団を大凌河の線に進出させ、第二師団を溝幇子付近に集結した。本庄関東軍司令官は、一月一日午後七時、第二十師団（混成第三十九旅団をその指揮に復させた）に迅速に錦州を占領するよう命じた。

関東軍命令　一月一日　於奉天軍司令部

一、敵の主力は既に錦州附近より退却せるが如し

二、軍は錦州を占領せんとす

三、第二十師団は錦州に向ひ前進し同地を占領すべし

（以下略）

関東軍司令部は、張学良軍が続々と錦州を撤退、山海関に向かっている情況を、飛行機や山海関守備隊の報告で探知していた。三十一日正午頃までに山海関を通過した軍隊輸送列車は一四、兵員約一万、馬匹約二千二百に達していた。室《むろ》（兼次《けんじ》）第二十師団長は、一月三日「本三日午前十時四十分無事錦州に到着す」と本庄軍司令官に報告、遼寧省政府所在地錦州はここにほとんど戦うことなく日本軍の占拠するところとなった。つづいて四日、第二十師団はその一部を連山に派遣、さらに混成第三十八旅団を綏中《すいちゅう》にまで前進させたのである。

張学良軍の参謀長栄臻は、一月一日付で南京政府に対し、次のような電報を発し、なぜ学良軍が戦わずして錦州を撤退したかを弁明するとともに、中央政府の措置を批判した。「錦州を中央の命により死守すること数旬、爾来絶えず中国国土保全のため錦州を守れと電報を

もって強要されたが、武器弾薬欠乏の今日中央はいささかも援助せざるのみならず、外交部長陳友仁は日本と結んでわが軍の後路を脅かすべく、日本の山海関、天津の増兵を黙認した。これがため東北軍はこのまま放置せば潰滅の外なく、華北は日本のために占領される虞れあり、よって我々は已むを得ず撤退し華北を死守するに決した」。張学良軍が戦わずして関内に撤兵したのは、中央からの援助なしに独立で日本軍と戦って自己の軍隊が多大の損耗と被害を蒙るのを回避し、少なくとも華北におけるその軍閥的地盤を確保することを第一義の目標とした点に最大の理由があったとみられよう。

奉天の『朝日新聞』武内特派員は、三日、「錦州問題の解決によつて満蒙の万象は発剌たる新建設時代に入つた。満蒙の治安と統一に関する癌腫だつた錦州問題が解決するとともに衆目は忽ち新満蒙創造にむかつて集中された」と報じたが、たしかに張学良軍の関内への撤退は大きな意味をもっていた。ジョンソン駐華アメリカ公使の表現を借りれば、それは「満州における中国行政の終焉」を意味していたのである。

一月八日、天皇は特に関東軍の忠烈を嘉《よみ》する勅語を発した。「曩《さき》に満州に於て事変の勃発するや自衛の必要上関東軍の将兵は果断神速寡《か》克《よ》く衆を制し速に之を芟討《せんとう》せり爾来艱苦を凌ぎ……或は嫩江斉斉哈爾地方に或は遼西錦州地方に氷雪を衝き勇戦力闘以て其禍根を抜きて皇軍の威武を中外に宣揚せり朕深く其忠烈を嘉す……」この勅語は九月十八日事件が自衛措置であり、チチハル、錦州の攻略が皇軍の威武を中外に宣揚したものであることを確認した点で重大な意義をもっていた。

日本軍の錦州攻略が実施されるか否かを警戒しながら注視していたのは、列国特にアメリカであった。錦州攻撃の機運がたかまるのをみたスチムソン国務長官は、十二月二十三日午後六時、私邸に出淵大使をよび、アメリカの錦州に駐在する武官からの報告では、錦州の中国軍は日本軍に攻撃的意図をなんらもっていない、それにもかかわらず、もし「日本軍が馬賊掃蕩の勢に駆られ之等（錦州の）正規軍に対しても攻撃の鉾を向けらるることあらば、世界は必ず日本軍が馬賊討伐の標語の下に更に長城方面に向つて侵略的行動に出でんとするものなりと看做すに至るべく、米国としては従来屢々《るる》申上げ置きたる通り幾多の困難を忍びつゝ米国の輿論を抑へ来りたる関係上益々困難なる立場に置かるべし」と警告した。

スチムソンは、日本ではハイド氏がジキル博士を圧倒し、ジキル博士を支持しようとした彼の努力が成果を挙げ得なかったことを自認せざるを得なかった。若槻内閣、幣原外相の退陣はスチムソンを深く失望させた。国務省内部でも対日政策についての再検討が進められていた。極東部長ホーンベックは、まだ理事会が難航している十二月五日、今後列国が日本に対しとるべき措置は三つあると提案した。一は列国が一致して公然と日本を条約侵犯者として弾劾すること、これは日本に痛手を与えるが、日本が従来とってきたコースを変えるものではない、二は列国が一致して、日本が軍事占領のもとで中国に強制するいかなる条約をも承認しないことを通告する、この方法は将来有効な価値をもつ、三は日本が列国の作成する妥当な解決条件に応じない場合、一定の日より対日経済ボイコットを発動する、の三案である。そしてこの第三案の経済ボイコットが日本およびアメリカに及ぼす影響について、彼は翌六日付でさらに詳細なメモを提出した。

すなわちホーンベックは、まず国際連盟諸国が経済ボイコットを規約第十二、第十三、第十五条違反国への制裁手段として義務づけられていることを指摘したうえ、日米がボイコットによって受ける影響を分析した。ボイコットで直接かつ重大な打撃を受けるのは日本で、アメリカの損失は長い目でみた場合、ほとんどないに等しいというのが彼の結論であった。アメリカの対日輸出額は一九三〇年全輸出額の四・三パーセントで、全生産額の〇・五パーセントにすぎず、輸入額は同年全輸入額の九・一パーセントであるが、主要輸入品の絹を除くと、全輸入額の一・五パーセントである。これに反し日本は、おそらく経済断交の通告だけで絹の崩落、綿花の暴騰による恐慌状態におちいると、詳細な数字をあげて経済断交が日本経済に致命的な打撃を与えることを、ホーンベックは予測したのである。彼は、ボイコット発動後三ヵ月で日本の全産業は痛手を受け、金融は逼迫し、六ヵ月以内に日本は列国に屈服せざるを得ないと判断した。日本の政治家も資本家もこのことはよく知っており、ただ列国がボイコットを発動しないと推測して、世界を無視し反抗しているとみたのである。

十二月六日、スチムソン国務長官は、キャッスル次官、ホーンベック極東部長その他の顧問を召集して、日本に対する経済的措置を協議した。ホーンベックの覚書は当然議題となった。キャッスル次官以外は日本への経済ボイコットの実施に賛成であった。キャッスルは、連盟による経済ボイコットは戦争状態の存在を認めることになり、日本の中国沿岸封鎖を惹き起こし、ひいては我々との衝突をもたらすと反対し、論議は結論には達しなかった。論議の最中午後六時、スチムソンはフーバー大統領によばれた。フーバー大統領も対日経済ボイコットに絶対反対ではなかったが、そのような措置をとる前に九箇国条約調印国会議を召集することが必要であるとの意見であった。

一九三二年一月二日朝、新聞報道は日本軍の錦州占領を伝えた。スチムソン日記の表現を借りれば、満州事変はファイナル・クライマックスに達したのであった。おりしも訪れたクローデル（P. Claudel）仏大使にスチムソンは、日本に対し軍事占領下で結ばれた条約は一切承認しない旨を通告し、かつ関連外交文書を公表するつもりだと語った。同夜彼は満州問題の帰趨を考えて眠れない一夜を過ごした。そして翌三日早朝六時には書斎に赴き、一九一五年のブライアン・ノートを基礎にした日中両国への短い通告文をみずから起草した。スチムソンは、翌四日に予定されていた日本大使館での晩餐会に欠席すると出淵大使に告げた、四日の午後キャッスル、ホーンベックは、スチムソンの私邸で通告文を検討し、案文は若干緩和された。スチムソンは午後九時ごろ、通告案をもってホワイトハウスに行き、書斎で一時間半ばかり会談のうえ、大統領の承認を得た。

五日午後イギリス大使リンゼイ（R. Lindsaay）が訪問してきたのを機会に、スチムソンは対日中通告案を読みあげ、満州に重大な利害をもつイギリスが同一歩調をとるよう要請した。リンゼイ大使が帰った直後、クローデル仏大使も国務省を訪れ、フランスは日本の錦州占領に対し、イギリス、アメリカとともに警告を発する意向であると告げた。スチムソンは、アメリカは連盟規約に依拠できないので、九箇国条約と不戦条約を根拠として日本に警告すると通告案を読み聞かせ、クローデル大使もこれを了承したのである。

六日、最終的に案文が決定され、日中両国に通達されるとともに、九箇国条約国にも通知されることとなった。スチムソンは翌七日午前十一時、出淵大使、十一時二十分、顔（恵慶）中国公使に覚書をそれぞれ手交した。スチムソン通告は、中国の主権、独立、領土保全の原則や門戸開放政策に違反し、またアメリカ国民の条約上の権利を侵害する一切の事実上の状態の合法性を承認しないこと、日中両国政府もしくはその代理者の締結する一切の条約または協定で前記権利を侵害するものはこれを承認する意思がないこと、ならびに日中両国およびアメリカが当事国である一九二八年八月二十七日のパリ条約（不戦条約）に違反する手段により成立する一切の状態、条約または協定を承認する意思がないことを通告するものであった。軍事力による現状変更の合法性を承認しないという、いわゆるスチムソン・ドクトリン、不承認方針の宣明である。

しかし同夜、スチムソンは早くも失望を味わわざるを得なかった。七日夜、チェコスロバキア公使の招宴で、スチムソンはクローデル仏大使に会ったが、そこで彼は、イギリスが錦州占領に対するフランスの共同抗議提案を時機でないと拒否したことを告げられたのである。スチムソンがもっとも重きを置いたイギリスは、スチムソン通告に対し、やはり冷淡な反応しか示さなかった。ウエルズリー（V. Wellesley）英外務次官補は、七日フランス大使の打診に対し、条約上の権益が侵害される前に行動を起こすことは、尚早であり、不必要な摩擦を起こすと指摘した。十日、イギリス外務省は、イギリスとしては、ジュネーブで十月十三日芳沢代表が行なった門戸開放遵守の発言、および犬養首相の、日本は門戸開放政策を踏襲し、満州企業への外国の参加を歓迎するという十二月二十八日の声明を信頼し、アメリカと同じような正式な対日通告を行なう必要性を認めないというコミュニケを発表した。スチムソンは、イギリスやこれに追随したフランス、イタリー等列国の態度に失望せざるを得なかったが、イギリスの直面している経済的危機、ガンジーら国民会議派首領の逮捕をめぐるインドの騒然たる情勢が、イギリスをしてアメリカと同じ措置をとることを躊躇せしめたと判断した。

中国の諸新聞は、スチムソン・ノートに冷たい反応を示した。北平の国民党系の英字紙『リーダー』(The Leader) が、このような覚書は数ヵ月前、日本の満州侵略が始まったときに出すべきであって、今となっては泥棒が宝石を盗み去ったのちにドアの鍵をかけるようなものと評したのをはじめ、その内容に不満な論調が多かった。たとえば『世界日報』(北平) は、これは紙屑に等しく、実質的な効果がなく、アメリカ自身の利益だけを顧慮して、現在の紛争に干与しようとしていないとし、『晨報』(北平) も、アメリカは単に満州に対する自身の立場と政策を留保しただけであって、日本の侵略を阻止しようとしていないと評した。

イギリス、フランス等列国の反応は、スチムソンを失望させたが、少なくとも中国が、この覚書によって対日断交の実施を延期したことを、スチムソンは一つの成果だと考えた。陳友仁外交部長は一月八日、ペック (W. Peck) 米総領事に、中国は対日国交断絶を実施し、連盟には規約第十六条による対日経済制裁の発動を要求するつもりであったが、スチムソン・ノートの発出をみたので一時中止すると伝えたのであった。対日断交の実施は、戦争状態を理由に自由行動を得ようと欲している日本に、まさにその機会を与えるものと、スチムソンは中国政府の動向を危惧していたのである。

Ⅳ　新しい戦争

上海

日本の若槻民政党内閣が政友会の犬養内閣に交代したのとほとんど時を同じくして、中国でも政変があり、十二月十五日国民政府主席蔣介石が辞職するにいたった。蔣辞職の最大の原因は学生を中心とする反日運動の激化であった。

南京における学生のデモは、九月下旬の王正廷外交部長負傷事件以来ほとんどみられなかったが、十一月十九日、日本軍が北満チチハルを占領したのを契機としてふたたび激発した。十一月下旬から十二月初めにかけて、北平、上海をはじめ全国から一万余の学生が続々と南京に到着、厳しい寒気のなかでデモを行ない、蔣介石に会見を求めて、中国軍の北上、対日抗戦の実施を強く要求した。十二月五日、外交部に押しかけた学生に対し、顧維鈞（処理外交部長、十二月二十八日任命）は面会を謝絶、政府も請願はすべて文書で行なうよう指示した。南京で七日開かれた学生代表会議は、蔣介石が軍隊を率いて北上するまで罷課するとの宣言を発出した。六日から十七日にかけ、華北その他から学生は続々と南京に列車で向かった。津浦線、京滬《けいこ》（南京―上海）線の運行は、集団で上京する学生のため混乱した。十五日、北京大学の学生数百人を中心とするデモ隊は外交部を襲撃し、建物を損傷した。ついで中央党部にデモし、陳銘枢（代理行政院長）と蔡元培（特種教育委員会の責任者）を負傷させた。十七日にも千余人の学生は棍棒、鉄棒を携え、中央党部や党の機関紙『中央日報』の社屋等を襲撃破壊した。この騒擾で護衛の軍隊と学生は衝突し、双方に数十名の負傷者を出し、学生の一人は逃亡の途中、近くの運河で溺死した。南京駐屯部隊は弾圧を開始し、数千人の軍隊が中央大学を包囲したうえ、学生を逮捕、首謀者は抑留、他は監視つきで汽車や汽船に乗せて南京から追放し、ようやく事態は鎮静をみたのである。

国民政府が十八日発布した学生運動取締令は、学生の一部が「共匪の腕章、旗幟」をもっていたと、共産党の煽動があったことを示唆した。一方では、広東派が蔣介石を下野に追いこむため、学生運動を鼓舞利用したのだとする説も一般に流布された。

このような騒然たる情勢のなかで、十二月十五日、国民政府主席・行政院長・陸海空総司令蔣介石は辞職下野した。蔣の下野後、二週間の空白を経て十二月末（正式には一月一日）、広東派を中心に新政権の成立をみた。政府主席に林森、行政院長には孫科が就任、外交部長には陳友仁が登場した。しかし蔣介石は下野と同時に、腹心の顧祝同《こしゆくどう》、魯滌平《ろてきへい》、熊式輝《ゆうしきき》をそれぞれ華中の江蘇、浙江、江西三省の主席に配置し、このほか陳調元《ちんちようげん》（安徽省）、劉峙《りゆうじ》（河南省）、何成濬《かせいしゆん》（湖北省）主席を擁する蔣介石派の軍事、政治的実力は広東派のとうてい及ぶところではなかった。蔣は対日断交、宣戦を要求する学生を中心とした輿論のたかまりを回避し、広東派を一応政権につけてその無力と、対日戦実行の困難とを一般に認識させることを目的として一時下野に踏みきった。実質的には蔣介石派の包囲のなかで成立した孫科新政権は、学生を中心とする強い抗日輿論を背景とし、その支持に依拠する以外、政権維持の方法がなかった。陳外交部長が対日断交を実施しようとしたのは、このような背景においてであった。列国はややもすると過激な政策を採択しようとする孫科新政権の動向に深い危惧の念を抱いたのである。

一九三二年（昭和七年）一月、日本軍の錦州占領によって一段と緊迫した日中関係に、意外な方面からさらに危機がもたらされた。一月八日、観兵式から帰途についた天皇に、上海から渡日した朝鮮人李奉昌《イボンチャン》が爆弾を投げて暗殺を計った桜田門事件がそれである。青島《チンタオ》の国民党機関紙『民国日報』が一月九日「韓国亡びず、義士李某云々」と桜田門事件を報道したのが、日本官憲、居留民を著しく刺戟した。川越《かわごえ》（茂《しげる》）青島総領事は、青島市長に対し、記事執筆者の罷免、新聞の停刊等の措置をとり、『民国日報』を処分するよう要求した。また単なる交渉にあきたらない青島日本人居留民の一部は実力行動に出た。

まず十二日朝、三名の日本人が民国日報社を襲撃、事務室に火焔瓶を投げこみ、ピストルを乱射した。午後も仕込杖などで武装した十人前後の日本人が、国民党党部や民国日報社に自動車二台で乗りつけ、乱暴した。一方居留民も約千名が参集して同日午後大会を開き、天皇侮辱事件への対策を協議した。夜八時半過ぎには二〇〇人の日本人が、中山路の居留民団からバンド方面にデモ、民国日報社の窓ガラス等を破壊し、さらに市党部の四階建てのビルに投石のうえ、建物内に乱入し、ビルを放火全焼させるなど傍若無人にふるまった。駆けつけた中国人消防隊は暴徒に阻まれて活動できず、日本人消防隊が適当に放水するだけであった。十時半ごろ、暴徒はようやく現場を離れた。十一時半、碇泊中の軍艦八雲、出雲から機関銃をもった陸戦隊五〇〇名が上陸、国民党部に近い日本総領事館の警戒に当たった。この一連の日本居留民による暴動に対し、中国警察はなんら取締りを行ない得なかった。

事件は青島のみならず、北平、上海にも波及した。北平の英字紙『リーダー』は、十五日、「青島の日本人無頼漢」という論説を掲げ、日本人官憲は事件を起こした暴徒を逮捕せず、青島日本総領事や上陸した陸戦隊はかえって暴徒を保護、煽動していると非難した。この記事は北平の日本人居留民を刺戟した。同紙は一月二十二日、朝鮮独立党の宣言を掲載したため、さらに日本側の忌諱にふれ、結局二十八日、日本側の警告によって停刊を余儀なくされるにいたった。上海の『民国日報』も、桜田門事件につき「不幸にも爆殺失敗」という標題を掲げて居留民の憤激を招き、村井《むらい》（倉松《くらまつ》）総領事は呉鉄城市長に一月十一日厳重に抗議した。同日（十一日）上海では、南京の十二月十七日のデモで死亡した学生の慰霊祭が行なわれ、日本共産党の代表と称する朝鮮人が日本軍部の満州侵略を弾劾する演説を行なった。その後二千人の群集が柩を先頭にフランス租界、共同租界を示威行進した。以後上海における抗日意識は一段と昂揚し、日貨ボイコットはいよいよ激化した。

一月十八日、日本山妙法寺《にほんざんみようほうじ》の僧侶天崎啓山、同水上秀雄とその信徒後藤芳平、黒岩浅次郎、藤村国吉の五名は、寒中勤行のため団扇太鼓を打ち鳴らしながら、共同租界東部の東華紡績工場付近から寺への近道のため、馬玉山路の三友実業社前を通行した。午後四時過ぎである。三友実業社は中国人経営のタオル製造工場で租界に接している。突然一行五人は中国人数十人に襲われ、棍棒、石塊などで殴打された。黒岩、藤村の二名は軽傷で辛うじて逃げ、楊樹浦《ようじゅほ》の租界警察や東華紡績に急を告げた。逃げ遅れた三名は三百名にも増加した群集のため、畑の中で打ちまくられ重傷を負うにいたった。三名はようやく駆けつけた中国人巡警に救われ、租界内の外国人経営の病院に収容されたが、水上秀雄は二十四日死亡した。

これが日蓮宗僧侶殺傷事件だが、当時上海にいた公使館付武官輔佐官田中《たなか》（隆吉《りゅうきち》）少佐が、無頼中国人を雇って日本人僧侶を襲撃させたと、太平洋戦争敗戦後みずから発表した。満州から列国の関心をそらすため、国際都市上海で事を起こすよう関東軍板垣参謀より依頼を受けたというのである。田中は当初、日本人でなく朝鮮人を襲う計画であったといっている。

翌一月十九日午前、村井上海総領事は、市政府に赴き、兪《ゆ》秘書長に厳重に抗議した。市長の呉鉄城は孫科行政院長とともに杭州に行って不在であった。兪秘書長は、事件発端の曲非がいずれにあるかは不明であるが、中国の領域で中国人が日本人に傷害を与えたのであるから、市政府として責任をとるつもりであると語った。同日午後、兪秘書長はあらためて総領事館を訪問、市政府を代表して遺憾の意を表明した。

しかしこの日深夜（二十日午前三時）、日本人居留民の一部で組織した青年同志会員三〇名は、復讐のため三友実業社を襲撃、放火した。工場の一部は焼失したが、宿舎にいた中国人労働者はあえて抵抗しなかった。同志会の連中は、放火後喊声をあげ租界内に引き揚げ、東華紡付近の華徳路にさしかかったとき、租界工部局の中国人巡警二名の誰何を受けたが、かえって巡警を威迫し、逃げる巡警を追って派出所に赴き、巡警三名を負傷させ、電話機等を破壊した上、臨青路に引きあげた。その際、応援のため急行してきた巡警二名と乱闘の結果、巡警一名を即死させ、他の一名に瀕死の重傷を負わせた。青年同志会側でも、柳瀬松十郎が射殺され、他に重傷者各一名を出した。

日蓮宗僧侶襲撃事件と青年同志会の復讐行為に興奮した日本人居留民は、同日（二十日）午後一時、日本人倶楽部で居留民大会を開き、殺気だった雰囲気のなかで、次のような決議を行なった。

決　議

不敬事件に次ぐに邦人傷害事件を以てし今や抗日暴状其極に達す、帝国政府は最後の肚を決め直に陸海軍を派遣し自衛権を発動して抗日運動の絶滅を期すべし

昭和七年一月二十日

上海日本人居留民大会

陸海軍の派遣、自衛権の発動、抗日運動の絶滅という軌道が敷かれたのである。大会閉会後、居留民三、四百名は総領事館に押しよせ、村井総領事に決議の趣旨を伝え賛成を求め

た。さらに一行は北四川路《ほくしせんろ》を北上し、陸戦隊本部までデモ行進を行ない、陸戦隊指揮官鮫島《さめじま》（具重《ともしげ》）大佐に面会し、強行措置をとるよう陳情した。鮫島大佐は「万一の際は断乎たる処置に出る覚悟を有している」と居留民に語った。一行は陸戦隊本部へ向かう途中、抗日ビラを貼ってある中国人商店に押し入り、ショウウィンドウのガラスを破ったり、電車、バスに投石したり、あるいは工部局の巡警を殴打負傷させたり、乱暴な挙動が多かったのである。

翌二十一日発表された居留民代表の声明はさらに激烈な内容をふくんでいた。「吾人は尊き生命の傷害を受け財産の掠奪も蒙り絶大なる通商の迫害に困窮し、尚且つこれ等権益の侵害に眠る帝国政府の無気力に対しては洵《まこと》に憤慨に堪へざるのみならず、実力発動の『キッカケ』としても数フィートの鉄道線路破壊（著者注——一九三一年九月十八日夜の満鉄線路の爆破が満州事変の原因となったことを指す）よりこの不敬事件、この生命の傷害が遥かに重大にして、事既に其必要を見るにも拘はらず、若し帝国政府に於いて此際敢然として起つに非らざれば、吾人は民衆の自力を以て敢然起ち暴戻飽くなき抗日会及びこれを擁護する市政府並に不埒なる民国日報に対し断乎たる行動に出づるを辞せず」。すなわち、すでに日本の軍事行動実施のための「キッカケ」は充分に作成されたというのであった。

このような日本居留民たちの騒然たる雰囲気のなかで、村井総領事は今次の事件の根本原因は、抗日会があらゆる非合法手段で中国民衆の対日感情の激発につとめてきた結果であると判断した。そこでこの事件については、通例の当局者の陳謝、加害者の処罰などの条件のほかに、抗日会の解散を期限付で要求し、もし期限内に解散が実行されない場合は、必要と認める自衛行動に出るべきであると、村井総領事は二十日、芳沢外相（芳沢はシベリア経由帰国して一月十三日、外相に就任した）に発電した。しかし芳沢外相は要求に期限をつけることは慎重を要すると反対し、一部居留民の暴行を厳重に取り締まるよう訓示したのである。

　村井総領事は二十一日午前、呉（鉄城）市長を訪問、四項の要求を提出した。㈠、市長の総領事に対する陳謝、㈡、加害者の逮捕、処罰、㈢、被害者五名の治療費および慰藉料、㈣、排日侮日にわたる不法越軌行動の取締り、特に上海各界抗日救国委員会をはじめとする各種抗日団体の即時解散の四項である。呉市長は、抗日団体の解散に難色を示し、政府当局と相談のうえ、何分の回答を行なうと応酬した。同日塩沢《しおざわ》（幸一《こういち》）第一遣外艦隊司令官は、村井総領事要求の承認と履行を要望し、「万一之に反する場合に於ては帝国の権益擁護のため適当と信ずる手段に出づる決心なり」との声明を発表した。

　村井総領事が抗日団体の解散を要求したことは、大きな反響を惹き起こした。特に指名された上海市各界抗日救国会は二十二日、緊急執行委員会を開き、国民政府に対日絶交の宣布を要請し、また呉市長には、日本の要求を峻拒するよう申し入れた。国民党上海市党部も、抗日運動は日本の不法な侵害に対する全国民衆の一致した消極抵抗策であって、この中国唯一の活路に対し、何人の干渉も許さないとの強い宣言を発表した。

　抗日団体の解散が問題の焦点となってきたが、日本の出先も中央も一致してこの要求の貫徹を期する方針を固めつつあった。塩沢司令官は、二十一日、海軍省に呉市長が要求を拒否した場合の対策として、㈠、呉淞《ごしょう》沖にて中国商船、ジャンクに対し必要な封鎖を行なう、㈡、抗日会本部、支部に弾圧を加える、㈢、飛行機にて示威偵察を行なう、㈣、状況により租界外在留邦人の現地保護を行なう、㈤、中国側が積極的行動をとる場合は呉淞砲台を占領する、の五項を上申し、海軍省は㈡、㈢、㈣を承認した。政府は、まず巡洋艦一隻、駆逐艦四隻、特別陸戦隊四百名の上海派遣を命じた。巡洋艦大井、駆逐艦萩《はぎ》、藤《ふじ》、薄《すすき》、蔦《つた》の五艦は、二十三日午後三時、上海に到着した。さらに翌二十四日午前十一時、航空母艦能登呂《のとろ》も加わり、上海に碇泊中の日本軍艦は十一隻に達した。そして陸戦隊は、二十三日急派された呉第一特別陸戦隊（四五七名）を合して、一三六五名となった。政府としては、これらの兵力を背景に要求の承認を督促し、もし中国が抗日会の解散に応じないときは、陸戦隊によって抗日会本部の手入れを実行することを考慮するにいたった。

日本の要求に対し、呉上海市長はその対策に苦慮した。呉は最初、塩沢司令官の二十一日の声明を恫喝と考えたが、航空母艦能登呂ほか日本軍艦が続々と上海に到着するのをみると、単なるブラフという認識は改めざるを得なかった。呉は上海駐在の列国総領事を打診したが、なんら積極的な援助が受けられる可能性はなかった。

村井総領事は二十五日、呉市長を往訪、回答を督促し、特に要求第四項の排日取締りについて、具体的な内容を指示した。すなわち、抗日団体への解散命令の発布、市商会をはじめとする各種同業公会の対日経済絶交決議の取消し、封存・押収日貨の解放と所有者への返還、拘禁中の抗日運動違反者を即時解放、新聞、雑誌その他印刷物の抗日煽動記事の厳重取締り等である。これらの条項をみれば、日本の要求の中核がまさに排日ボイコットの撃滅にあったことは明らかであった。

上海における日本の抗日団体の即時解散をふくむ強硬な要求は、弱体な孫科内閣にさらに動揺を与え、孫行政院長、陳（友仁）外交部長等はその対策の樹立に苦慮奔走しなければならなかった。反日運動抑圧という日本の要求を拒否した場合、日本は上海はじめ揚子江沿岸諸港の封鎖を実施するとの情報を得た中国政府首脳は、国内における共産軍の脅威と、上海での外敵日本の圧迫のいずれにまず対決すべきかを協議したが、結論には達しなかった。前年十二月、学生を中心とする抗日運動の激化のなかで、蔣介石は下野を余儀なくされ、広東派はようやく政権を獲得したのであるが、蔣介石派の強力な牽制は、新内閣の主体的運営を不能にさせているのが現状であった。陳外交部長が主張している対日国交断絶、宣戦の路線に蔣介石が強く反対していることは、一月二十一日から二十三日にかけて『上海時事新報』に掲載された彼の演説論稿（『革命文献』第三十五輯）で明らかであった。二十三日、陳外交部長は、アメリカ南京総領事ペックに、南京（蔣介石）派と広東派の約束された協力が実現せず、南京および地方が蔣介石の軍事支配下にあることは、自分が外交部長の地位にとどまることを不可能とすると語った。事実、陳は辞意を表明して翌日、上海に赴いた。

共産軍は、揚子江中流の要衝漢口に一〇マイルから二〇マイルの地点にまで迫っており、その脅威は深刻であった。蔣介石とともに中央政治会議常務委員である汪兆銘は、二十四日フランス公使ウィルデン（Wilden）に、日本の上海事件についての要求は、拒絶するかあるいは屈服して和を議するかのいずれかしかないが、中国政府は共産軍と日本軍を同時に敵とすることは不可能であり、日本軍と戦えば共産軍の攻撃が瞬時に強化されることは疑いないと、国民政府の置かれている苦境を語った。ウィルデン仏公使から汪との会談内容を聞いたペック米南京総領事は、事態の深刻さを認識した。「私の個人的な印象では、この際列国が調停しないならば、中国政府が存在し続けることは、それがどんなコースをたどるにせよ、きわめて困難であると考える。そしてもし南京政府が存在しなくなれば、九・一八以後の満州と同じように全中国がたちまち崩壊と混乱におちいり、中国内地におけるアメリカの広汎な伝道活動を援助することも不可能になる」とペックは、ジョンソン公使と国務省に至急電を発した。

スチムソン米国務長官も、上海の事態を注視していた。スチムソンがもっとも憂慮したのは、上海の紛争が戦争に発展し、日本軍の揚子江封鎖が実施されることであった。それはアメリカおよびイギリスの対中国貿易の杜絶を意味していた。この見地からスチムソンは、対日断交、宣戦布告を実現しようとする孫科内閣に危惧をいだき、より穏健な蔣介石が政権に復帰することを強く望んでいた。イギリスとともに上海に軍艦を増派しようとする彼の意図には、二つの狙いがあった。一つはいうまでもなく日本の軍事強圧策への牽制で、日本の行動がイギリス、アメリカの貿易や国民に及ぼす悪影響についてイギリス、アメリカ両国政府が深い関心をもっていることを示すためであった。このほかにスチムソンが期待したのは、

「列国軍艦の派遣は、諸列国が中国を見棄てたとして、対日宣戦を実行しようとしているばかげた反対派（著者註――孫科、陳友仁等）に対し、蔣介石の立場を強化するに役立つ」ことであった。イギリス、アメリカなど列強や国際連盟に信頼し、対日戦の回避に努力している蔣介石の路線が正しいことを中国人に知らせるためにも、軍艦の派遣が必要であるというのがスチムソンの認識であった。

　蔣介石の政権への復帰を望む点においては、日本も同じであった。しかしスチムソンは、中国の対日ボイコットには支持を与えていた。ボイコットは、中国にとって外敵に対抗する唯一の武器であり、それが奪われることは、バランス・オブ・パワーを崩す、とスチムソンは考えた。もし中国からボイコットの権利を奪うならば、中国はみずから武装し軍事国家になるか、またはより強大な軍事国家（たとえば日本）に従属するかの二路のいずれかを選ぶほかなく、そのいずれも中国の保全と門戸開放のために努力してきたイギリス、アメリカ両国の意図を阻害するというのであった。このスチムソンの考えは、対日ボイコットを実力を使用しても壊滅しようとしている日本の意図と尖鋭に対立するものであった。イギリスは軍艦の上海増派には異議がなかったが、ボイコットにアメリカのような支持を与えることは躊躇した。むしろ日本の要求に従い、中国政府はボイコットの奨励を抑制すべきである、という考え方がイギリス外務省には強かったのである。

　内にあっては蔣介石派の抵抗によって行政能力を喪失し、外からは日本をはじめ、アメリカ、イギリスからも忌避された孫科内閣は、成立以来一ヵ月を経ずして自壊せざるを得なかった。孫行政院長は二十三日南京を離れ、二十五日に上海で辞意を表明した。中央政治会議は二十八日、汪兆銘を後任の行政院長に選び、外交部長に羅文幹《らぶんかん》、財政部長に弘祥熙《こうしょうき》が就任、蔣介石も軍事責任者として復活し、汪・蔣の協力体制のもとで上海の切迫した事態に対処することとなり、新政権はまず洛陽への遷都を決定し、一応抗日の姿勢を示したのである。

上海市政府兪秘書長は二十七日、非公式に村井総領事を訪問し、回答案を内示した。それは日本の要求した第一、第二、第三項を承諾していたが、第四項、すなわち問題の抗日団体解散については曖昧な内容であった。抗日救国会は、商民から要望があったため解散を実行するが、他の同種団体は、もし不法行為があれば厳重に取り締まるという内容で、抗日全団体の即時解散という日本の要求を満たすものではなかった。村井総領事は同日（二十七日）午後八時、呉市長に電話で、翌二十八日午後六時をかぎり明確な回答を得たい旨要求し、もし回答がない場合は要求貫徹のため必要と認める手段をとると通告した。

一・二八――陸軍の上海派兵

村井総領事の期限付要求の提出は、上海の事態を一挙に緊迫させた。上海周辺には広東系の第十九路軍が配置されていた。第十九路軍は、総指揮蔣光鼐《しょうこうだい》、軍長蔡廷鍇《さいていかい》の統帥する三個師（第六十師、第六十一師、第七十八師）約三万一千の兵力で、江西省で共産軍の討伐に当たっていたのであるが、蔣介石と広東派の妥協の一要件として、南京―上海の中間に移動配置された軍隊である。上海付近に駐屯していたのは七十八師で、日本陸戦隊本部に近接する閘北《ざほく》地帯には一五六旅第六団千余人が警備についていた。この部隊は租界から閘北に通じる各要路に土嚢を重ね、鉄条網を張ったり、あるいは塹壕を掘ったりして警戒を強化していたが、二十七日村井総領事の期限付通牒が発せられると、一挙に臨戦気運が濃厚となってきた。二十七日夜から二十八日にかけて、戦闘開始による被害をおそれた中国民衆は、続々と群をなして中国街から安全地帯の租界内部になだれこみ、租界内外は一種のパニック状態におちいった。

二十八日午前七時三十分、塩沢司令官は各国駐屯軍司令官に、もし中国側から満足な回答を得ない場合は、翌二十九日朝、行動を開始する旨通告した。市参事会は同日午前会議を開き、情勢を検討した結果、午後四時共同租界に戒厳令を施行することを決定した。戒厳令の施行は、各国駐屯軍および義勇隊が、かねての計画に基づき、それぞれ割り当てられた地域の警備につくことを意味する。緊迫した雰囲気のなかで二十八日の午後を迎えたが、市政府兪秘書長は、午後三時、日本総領事館を訪れ、村井総領事に抗日救国会以外の反日諸団体の解散も承認する旨を記載した呉市長の公文を手交した。村井総領事は日本の要求全部を中国が承認したものとして、この公文を受領した。村井は回答が一片の空文に終わらないよう要求し、今後反日取締りの実際を監視し、実行不充分のときは、場合によっては無警告で自衛手段をとることもあると警告した。これに対し兪秘書長は、すでに今朝午前二時、公安局は各界抗日救国会を封鎖し、五百余名の抗日関係者は旅費を与えて分散させるよう手配中であり、押収した日本商品も逐次所有者に返還する予定であると、中国側の反日取締り実行の状況を伝えた。そして租界外中国街に居住する日本人の生命財産は責任をもって保護するから、日本軍隊が勝手に中国街に出動しないよう要請した。

日本の要求を中国側が全面的に承認したことにより、戦闘勃発の危機は一応回避されたが、工部局は殺到する避難民による租界の混乱、日本海軍あるいは日本居留民の動向への不安、日本の要求に屈服したのを不満とする学生等の不穏な動きなどを考慮して、予定どおり午後四時租界に戒厳令を施行した。義勇隊はじめ、イギリス、アメリカ両駐屯部隊はただちに分担地域の警備配置についた。義勇隊、各国駐屯軍の概数は二月一日現在で、日本三九二〇、アメリカ二七五〇、イギリス三八五〇、フランス九六〇、イタリー一一六〇、義勇隊一七四六であった。

日本陸戦隊の警備分担地域には若干の問題があった。上海には二万五六五〇人の日本人が居留し、上海在留外国人総数五万九二八五人の四割強、第一位を占めていた。これら日本人は、共同租界に一万八四七八人、フランス租界に三一八人、租界外に六八五四人の割で居住していた。日本人の約四分の一近くが租界外に居住しているのであるが、その大部分は共同租界から北に延びる北四川路、狄思威路《デクスウエルロード》という越界道路周辺に集中していた。この越界道路は租界外であるが、租界警察の管轄下にあり、平時は工部局の巡警がパトロールに当たっていた。道路以外の地域は、もちろん上海市政府が管轄し、市公安局の巡査が警邏していた。

上海の緊張がたかまるにつれ、ここ三ヵ月ほど、越界道路のパトロールに工部局巡警のほかに日本陸戦隊が参加するようになり、一方、上海市政府管轄地域、特に北四川路以西の地域一帯、いわゆる閘北には、十九路軍の兵士が警備のため配置されるにいたった。日本陸戦隊の警備担任区域は北河南路（含まず）以東、蘇州河以北、楊樹浦、すなわち共同租界東部地域であるが、このほかに越界道路地帯が含まれ、特に注目すべきは北四川路から西、呉淞—上海鉄道（淞滬《しょうこ》鉄道）の軌道にいたる閘北の一部が警備区域に編入されていた点である。

各国の警備区域は、各国駐屯軍司令官、工部局参事会議長、工部局警察署長、上海義勇隊長などが参加する共同租界防備委員会で決定されるものであるが、日本軍の警備区域に北四川路、淞滬鉄道間の区域が編入されたのは、前年一九三一年十二月十八日の防備委員会である。この地帯に日本人が多く居住しているという理由で日本側が要請したものであった。しかし、日本軍の警備地域にこの地帯が編入されたことは、租界当局から上海市政府、中国側に通告されていなかった。もっとも、該地域は純然たる市政府管轄地帯なので、防備委員会による一方的編入を通告し得る立場にはなかったともいえる。さらに注意を惹くのは、参謀本部の戦史所載の要図では、日本軍の警備分担地域は、淞滬鉄道を越えてその西側地帯をもふくむよう境界線が図示されている（参謀本部『満州事変史』第十六巻）。これが恣意的に作為されたものか否かは今判然としない。

さて十九路軍が問題の北四川路から淞滬鉄道地域をふくむ閘北一帯に配置され、土嚢、鉄

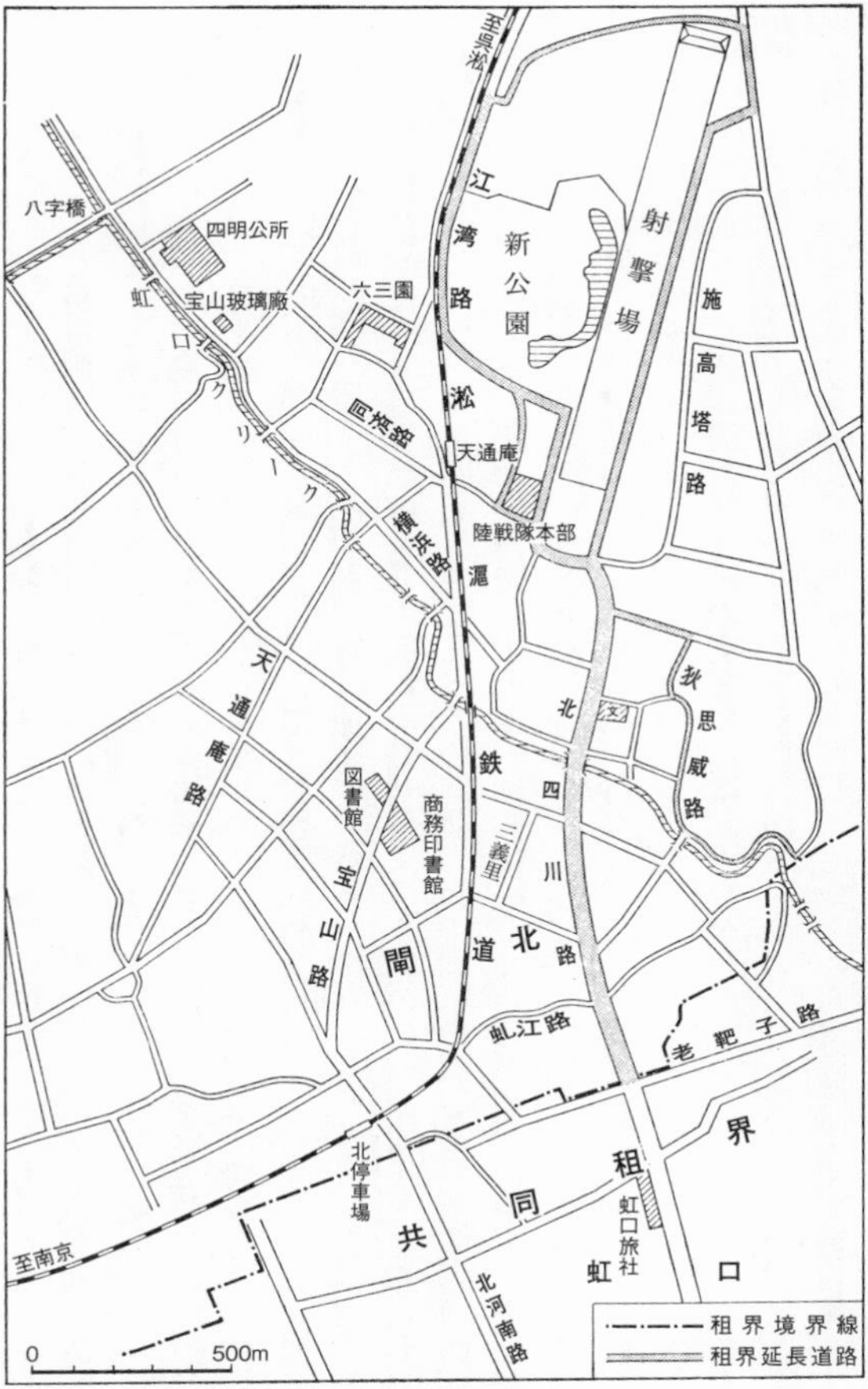

上海閘北概図（1932年1月）

条網でバリケードを築き、臨戦体制で警戒しているとき、その地域に日本陸戦隊が入り警備につくことは、文字どおり衝突の危険を触発するものであり、挑発行為とも受けとれるのである。しかも十九路軍側は、北四川路以西地帯がたとえ一方的にせよ日本軍の警備担任区域に編入されていることを知らない現状において、なおしかりといわなければならない。

二十八日午後四時に戒厳令の発動をみると、義勇隊はじめ各国軍はほぼ五時には配置についたのであるが、日本陸戦隊は出動しようとしなかった。午後八時、塩沢司令官は「我海軍は工部局の発せる戒厳令に依り警備担任区域内の直接治安に任ずる」旨を布告し、同時に「帝国海軍は多数邦人の居住する閘北一帯の治安維持に関し不安を認むるを以て兵力を配備し之が保安に任ぜんとす、本職は閘北方面に配備せる支那軍隊の敵対施設を速に撤退せんことを支那側に要望す」との声明を発表した。この閘北方面中国軍の撤退を要望する声明が市政府公安局に達したのは、午後十一時二十分と中国側はいっている。列国駐屯軍の先任司令官であるイギリスのフレミング（Fleming）准将が塩沢司令官の声明を知ったのは十一時で、日本側から警備区域を拡張するため小作戦を行なう旨の通告を受領したのは十一時三十分であるから、中国側の十一時二十分受領というのは信憑し得ると考えられる。

その十一時二十分ごろ、陸戦隊本部の営庭には緊急集合を命ぜられた陸戦隊員が、白襷をかけた大隊長、中隊長のもとに整列し、鮫島指揮官から激励の訓示を受けていた。そして同四十分、装甲車を先頭に警備出動を開始した。深夜にもかかわらず陸戦隊本部前に集まった日本人群集は、万歳を連呼して出動部隊を見送った。同時に月洒家花園の第二大隊、北部小学校の第三大隊も出動した。深夜、厳戒体制をとって待機している十九路軍の警備線内に重武装をした陸戦隊がほとんど無警告で突入するのであるから、北四川路西部、淞滬鉄道付近で瞬時にして戦闘が開始されたのは当然であった。同済路、横浜路、三義里、虬江《キュウキャン》路一帯に激烈な市街戦が展開された。閘北の各処に火災が起こり、火焔は天を焦がした。碇泊艦船の陸戦隊も続々と戦線に投入された。凄烈な接近戦が照明弾のなかで繰返され、閘北は血腥い戦場と化した。

二十九日早朝、険悪な天候下に出動した航空母艦能登呂の飛行機は、北停車場、商務印書館の宏大な建築物を爆撃した。陸戦隊は戦死者二〇名、負傷者百余名を出してようやく淞滬鉄道の線まで進出した。二十九日夜、イギリス、アメリカ総領事の斡旋で日中両軍の間に戦闘中止の協定が成立したが守られず、また中国便衣《べんい》隊《たい》は虹口《ホンキュウ》（租界内北四川路両側）の日本人密集地域に出没し、日本居留民に不安を与えた。三十日には中国軍は同済路方面で逆襲し、翌三十一日には日本人経営の六三園、宝山玻璃廠を焼いた。戦闘中、砲弾はしばしば租界内にも落下して火災を起こし、租界内居住の内外人も戦火の不安にさらされたのである。

このようにして上海事変は勃発した。一月二十八日中国側が抗日団体解散をふくむ日本の要求を全面的に承認したにもかかわらず、戦火が開かれたことについて、日本海軍側の説明は、陸戦隊は租界戒厳令の施行により、かねての計画に基づき警備分担区域の配備についたところ、十九路軍の不法射撃により戦火が開かれたとする。しかし衝突の危険が充分予想される地帯への警備配置をなぜ、特に深夜を選んで、しかも事前の警告を確認しないまま行なったのか、むしろ計画的な戦闘の挑発とみるほうがより妥当である。さらに陸戦隊は明らかに警備範囲外への侵出をも試みている。たとえば夜半十二時、陸戦隊の一部は装甲車を先頭に日本警備区域の末端北河南路に至り、そこから租界の境界を越えて北停車場を攻撃しようとし、この地域の警備を担当している上海義勇隊から拒否された。

陸戦隊をして、このきわめて危険な行動に踏みきらせた要因について考えるとき、三十一日日本から急遽上海に帰った重光（葵）公使の観察は、きわめて示唆深いので、長文になるが引用したい。

「第六三号

二十八日支那側が我総領事の要求条項全部を承諾せるに拘らず我居留民の主なるもの（時局委員会）は之に対し絶対反対し、千載一遇の機会を失すと論ずるものあり、同委員会の籠城（日本人クラブ）に集り居たる在郷軍人等は、或は泣く者あり喧騒を極めたる由にて、総領事に対しては勿論海軍側をも批難するものあり、然るに其内海軍側は飽く迄予定の行動を断行すべしとの消息伝はり、倶楽部内の喧騒は変じて万歳の声となりたり（以上は在留有力者の談）。海軍司令官が二十八日午後支那側の回答を得たる際、総領事等に此上は断然日本人側を抑ゆる方法あるのみとて大なる意気込なりしも、右居留民等の態度等に鑑み方針を換へたるか、其夜に至り領事館を通じ支那側（市政府）に対し警備線に進出を予告し（右予告は十一時先方に到着）、殆ど同時に進出を開始し直ちに衝突を見たり、右海軍側の態度の変化は充分に判明せざるも、要するに日本全体の空気に支配せられ強硬論を唱へ極端に昂奮し来りたる居留民及部下を抑へるの方法なかりしものと認めらる。右の風潮は恐らく今後も最も大なる困難となるべし。」（傍点著者）

重光公使は他の電報でも（二月二日付）、陸戦隊の青年将校中には血気にはやるものがあり、二日午後には無為を憤慨して割腹したものまであることを伝え、陸戦隊の統制がとれていないことと、居留民の極端論、また無責任な言動が、二十八日夜の軍事行動を惹起したと判断している。

居留民中の一部は、戦闘勃発後も過激な行動をとって、中国人はもとより他の外国人からも非難された。在郷軍人や青年同志会員は、銃や日本刀、棍棒等で武装して自警団を組織し、通行中の中国人の検問を実施し、便衣隊の疑いあるものは逮捕、監禁し、ときにはリンチを加えた。陸戦隊も「便衣隊は射殺する、便衣隊の行動を帮助したものは便衣隊と同罪なのは勿論その家屋の一部又は全部を破壊する」との布告を、塩沢司令官の名で三十日発布した。陸戦隊は便衣隊探索に機関銃を乱射し、白刃をさげた日本人自警団は街々で検問を実施した。三十日から三十一日にかけて、虹口地区で五百人近い中国人が逮捕され、虹口、閘北の日本軍管轄地域は戦々兢々たる恐怖と死の街と化した。このような状況を重光公使も「彼等（在郷軍人団、青年団、自警団）の行動は便衣隊に対する恐怖と共に恰も大地震当時の自警団の朝鮮人に対する態度と同様なるものあり、支那人にして便衣隊の嫌疑を以て処刑（殺戮）せられたるもの既に数百に達せるもの〻如く、中には外国人も混入し居り将来の面倒なる事態を予想せしむ、為に支那人外国人は恐怖状態にあり」（二月二日、重光公使↓芳沢外相）と報告した。

三十一日午前十時、イギリス総領事館において、毛（維寿）十九路軍第六十一師長、呉鉄城上海市長と塩沢司令官、村井総領事のあいだで停戦協議が行なわれ、ブレナン（J. F. Brenan）英総領事、カニンガム（E. S. Cunningham）米総領事が立ち会った。その結果、日本側は衝突以前の地域、だいたい租界延長道路（北四川路）まで、中国側はライフル射程距離を撤退し、陸戦隊が撤退した淞滬鉄道東側地区は第三国軍が、鉄道西側地区は中国警察が警備することでほぼ話合いがまとまり、午後三時より中立国司令官を加え協議を再開することとなった。しかし午後の会議で、先任のイギリス軍指揮官フレミング准将が、警備上の困難を理由に日本軍の租界内への全面撤退案を提示したため、会議は行きづまった。休戦は一応延長されたが、両軍間の不信感は非常に強かった。日中双方が相互に非難しあった休戦侵犯の行為が、和平を望まないコミュニストの策略による可能性についても、会議上で指摘された。

この間、上海はじめ揚子江一帯には続々と日本軍艦が集結し、実に四八艦（巡洋艦七、海防艦一、敷設艦一、航空母艦三、砲艦一一、駆逐艦二五）の多きにおよんだ。そこで二月二日、旗艦出雲を加えて新たに第三艦隊が編成され、海軍中将野村吉三郎《のむらきちさぶろう》が司令長官に任命された。野村は八日、上海に到着した。

塩沢司令官は、三日朝、第五大隊（二月一日到着の横須賀第一特別陸戦隊五二五名）を基幹とする部隊に攻勢をとらせ、六三園付近の中国軍を虹口クリーク以西に後退させ、四日には、該大隊を天通庵路以北、第三大隊を天通庵―商務印書館間、第一大隊を商務印書館―虬江路間に配置し、総攻撃を実施した。両軍は激戦を展開し、日本軍は、正午過ぎ商務印書館を占領したが、反撃を受けて撃退され、結局全線にわたって出発線まで後退してこの日の戦闘を終わったのであった。五日払暁からの攻撃も、中国軍の果敢な抵抗によって、右翼で四明公所を占拠したほか一進一退の至近戦を展開するだけで、飛行機による爆撃にもかかわらず、日本軍の攻撃はみじめな失敗に終わった。三日より五日にわたる戦闘で、陸戦隊の戦死者二九名、負傷者七七名を数えた。このうち続く激戦により、宝山路、淞滬鉄道間の地区はまったくの廃墟と化した。陸戦隊は、砲、爆撃の猛烈な支援を受けながら、中国軍の激しい抵抗によって攻勢の挫折を余儀なくされ、戦力の限界を認めざるを得なかった。

一月二十八日以後の陸戦隊の悪戦苦闘は、陸軍派兵の必要を各方面に認識させた。重光公使は、日本から上海に帰任した翌日二月一日、早くも、上海の事態に鑑み陸軍を緊急に派遣する必要を芳沢外相に打電した。第一に、陸戦隊の現在の兵力では居留民の安全確保に不足であり、そのため自警団が醜態を演じるにいたったこと、第二に、租界全体の治安が非常に悪化し、在留外国人は生活を脅かされ、日本人への感触が悪化していること、この二つを理由に、重光は、至急陸軍を派兵するよう要請した。

陸軍の派兵には、政府や上層部には深い危惧があった。高橋《たかはし》（是清《これきよ》）蔵相などは、財政の点からも、また我が国の国際的立場からいっても、この際むしろ居留民の引揚げを断行したほうがよいという意見であった。高橋や牧野《まきの》（伸顕《のぶあき》）内相等は、居留民保護のための出兵であっても、一度国外に出た軍が統帥権の名で政府の意向を無視し、事態の拡大を計ることを憂慮した。一方、衆議院を解散し、総選挙を二月二十日にひかえている政府内部には、「斯《かか》る排日運動を目前に控へ、之に対し日本政府に於て微温的措置を取る場合には如何なる内閣と雖《いえど》も直に失脚すべく、今や日本の朝野を挙げて支那の排日態度に対し憤慨し居る状況なり」（二十八日、芳沢外相のフォーブス米大使への談話）という認識もあった。

二月一日、荒木《あらき》（貞夫《さだお》）陸相、大角《おおすみ》（岑生《みねお》）海相、芳沢外相の間で陸軍派兵が協議された。

海相　上海附近の情況は楽観を許さず、必要の場合陸軍の増援を希望す
外相　陸軍が上海に派遣せらるる時は積極的に事態を拡大する事なきやを虞《おそれ》る
陸相　任務外の行動を採るが如きことなし
外相　然らば必要の時機に増援せられ度《たい》

この会談記録は陸、海、外三相のそれぞれの意図を如実に反映している。翌二月二日の閣議は、第九師団（金沢）に応急動員を、第十二師団（久留米）に混成旅団の臨時編成を命ずることを決定した。しかし派兵兵力量に関し、海軍側が外国の反応を顧慮し、混成旅団のみの派兵を示唆したため紛糾したが、四日、陸、海両省のあいだで、混成第二十四旅団を六日急派し、つづいて第九師団を動員完結しだい出発させること、混成旅団は第九師団の上海到

着後、情況の許すかぎりすみやかに帰還させることで了解が成立し、ようやく陸海軍一致の「上海方面軍事行動指導要領」の決定をみた。

「要領」はまず上海事件を満蒙問題と別個に取り扱うことをきめ、アメリカ、イギリスとも意見を交換して「上海附近一帯の地域に支那軍の駐屯又は侵入を許さざる地域」を設定することを出兵の目的とした。具体的戦略方針を「要領」にしたがって列挙すると、次のごとくなる。第九師団が上海に到着するのを機とし、中国軍の一定地域外撤退（たとえば蘇州東方湖沼地帯以東の地域、あるいは上海租界および呉淞砲台外周より二〇キロ）を要求し、もし中国側が承認しない場合は、一撃を加え、進入禁止地域外に撤退させる、この場合、必要な兵力を第九師団に増強する、中国軍をこの地域外に撤退させたのち、中国軍がなお攻撃を反覆したり抗日運動を継続すれば、自衛上さらに一撃を加え、南京を保障占領することを予期する、この場合、少なくも一戦略単位を増強する、全面戦争を決意しないかぎり、陸軍の軍事行動は南京以西には拡大しない、ただし北平、天津、山東方面に極端な抗日行動が起こった場合は、従来研究の方針によって処理する、以上が出兵に際して陸海両軍の一致した方針であるが、南京の保障占領まで一応の日程にのぼっていたことは注目される。

下元熊彌少将指揮の混成第二十四旅団（約二八〇〇、小倉、福岡、大村各連隊より編成）は上海の事態の緊迫に鑑み、二月六日午前十一時、第二艦隊所属の各艦船に搭乗し、佐世保を出航した。翌七日午後、早くも呉淞鉄道桟橋に上陸を開始し、植松《うえまつ》（練磨《とうま》）少将指揮の海軍陸戦隊（植松少将は六日着任、前指揮官鮫島大佐は陸戦隊参謀長となる）の協力を得て、主力各部隊は午後六時ほぼ上陸を完了、徐家宅（呉淞鉄道桟橋付近）周辺に兵力を集中した。

第九師団の諸隊は、七、八日、熱狂的な歓送裡にそれぞれ衛戍地を出発、九日午後には宇品に集結を完了した。以後二梯団となって宇品を出発、十四日から十六日にかけて、一部は呉淞鉄道桟橋から、主力は租界碼頭から上陸したのである。師団主力は東部楊樹浦付近、沈《しん》家《か》巷《こう》鎮（江湾競馬場東約四キロ）に駐屯した。第十八旅団は、北四川路付近海軍陸戦隊担任区域の一部（虹口クリーク以北射撃場射垜間《あずち》）に進出し、陸戦隊に代わって警備についたのである。十三日夜上海に到着した植田《うえだ》（謙吉《けんきち》）第九師団長は、「予は上海地方に在留する帝国臣民を保護すべき任務を帯び本日到着せり」と声明を発表した。日本陸軍の最初の上海上陸である。上海居留民があらゆる手段を使って誘致しようとした「出兵」はここに実現をみた。参謀本部の『満州事変史』は「上海附近帝国居留民は既に陸軍の派遣を翹望《ぎようぼう》せしが、今や有史以来の派兵に会し真に蘇生の思あり、老幼男女殆ど抃舞《ろうぶ》して歓喜す」と叙述しているが、十四日の『朝日新聞』も「待つこと久し全上海の邦人蘇る」の標題を掲げて、陸軍の上海到着を伝えたのである。しかしこの日本軍の租界上陸は、中国側からもイギリスはじめ列国からも、共同租界を租界防衛と無関係な軍事攻撃のための基地とし、また軍事作戦への通過地として利用するものと、強く批判された。

注視する列国

国際連盟第六十六回通常理事会は、予定どおり、一九三二年一月二十五日、フランス代表ポール-ボンクール（Paul-Boncour）議長のもとで、ジュネーブで開催された。満州問題は翌二十六日討議するはずであったが、顔（恵慶）中国代表は、上海における事態の切迫を理由に、同日午後より討議開始を主張、結局五時半から理事会を再開、日中紛争を審議した。顔代表は、日本は華中、華南にまで侵略を企図し、青島、上海、福州で擾乱を起こしていると非難、リットン調査団の現地満州到着が四月以後となるのは遺憾であるとし、もし規約第十一条が有効でないときは、中国は他の条項を採用する意向であると発言した。佐藤《さとう》（尚武《なおたけ》）日本代表は顔の発言を反駁するとともに、上海の事態を説明し、中国政府の指導下に行なわれる排日ボイコット、排日教育の弊害を強く指摘した。この日の理事会は、ボイコット問題等についてなお応酬があったのち、閉会した。

一月二十八日夜、上海に戦闘が勃発すると、顔代表は、二十九日朝、ドラモンド事務総長に、日中紛争に従来適用してきた連盟規約第十一条のほかに、第十条、第十五条を適用することを要求する通告を送った。規約第十五条は国交断絶のおそれある紛争を理事会に付託することを義務づけ、理事会は満場一致、あるいは過半数で公正な報告および紛争解決案を作成、もしこの案が当事国をのぞく他の理事国全部の同意を得たときは、これを承認する当事国に対し、連盟国は戦争に訴えないことを約するなど、連盟の強制力が作用する条項である。

中国代表の要求による第十五条適用問題を審議する理事会は、二十九日午後開かれることになったが、その前にドラモンド事務総長は、佐藤代表と会見し「自分はパリ以来支那側が第十五条に依らんとするを極力抑へ来れるも、昨日上海にて日本が軍事行動を開始したりとの情報に接し、最早到底支那側を抑へきれざることを感じたり」と述べた。これはおそらく連盟首脳部の共通した感覚であった。午後三時四十五分開かれた理事会で、佐藤代表は、第十五条適用に対し強く反対したが、議長は、第十五条の適用は一方当事国の要求のみで充分であり、また佐藤が疑義を表明した第十一条、第十五条併用問題も差支えないとし、日本の反対を認めなかった。三十日午前の理事会でドラモンド事務総長は、上海に駐屯する当事国以外の理事国代表で委員会を構成し、上海の事態の原因、経過を報告させることを提案し、理事会の了承を得た。これは第十五条の適用を上海事件に限ろうとする内意を含んだ提案であったが、中国代表はこの理事会で、上海事件のみならず、満州全般の事件について第十五条適用を要求するとの態度を明らかにした。

中国における最大の貿易港であり列国権益の錯綜する上海で、日中両軍の間に戦闘が勃発したことは、アメリカ、イギリス、フランス等列強に満州とは異なる直接的な衝撃を与えた。各国は、ただちに日中間の戦闘の不拡大、収拾を急いだ。

ワシントンでは、一月二十九日の閣議で、スチムソン国務長官が上海の戦闘について、中国が日本の要求を受諾したにもかかわらず、日本は不正にも攻撃を実施し、日本の飛行機は閘北の中国人密集地域に非人道的爆撃を敢行したことなどを報告した。閣議の席上ハーレー陸軍長官は、日本は満州のみならず、揚子江流域の永久占領を計画し、その方針を実行しているのであり、イギリス、アメリカ両国艦隊の行動だけが、日本を阻止し得ると発言した。スチムソンは、イギリスの従来の非協力を指摘し、今後イギリスが態度を硬化させることを期待したのである（「スチムソン日記」一月二十九日）。

事態の重大性を認識したフーバー大統領は、きわめて異例ながら、日中両国首脳、特に天皇に、直接戦闘の停止と、第三国人をオブザーバーに加えた日中間の交渉開始を訴えようと意図した。三十日午後二時半、大統領はホワイトハウスにスチムソン国務長官をよび、イギリスの国王が同じように天皇にアピールを送る可能性を打診するよう指示した。スチムソンは午後六時過ぎ、マクドナルド英首相に電話で大統領の意向を伝えた。翌三十一日正午、マクドナルドはやはり電話で、イギリスでは国王がそのようなアピールをすることに憲法上の疑義があるので、アメリカ大統領が天皇に、マクドナルド首相が犬養首相あてに同趣旨の通告をしたいと申し出た。天皇へのアピールは結局実現しなかったが、これはアメリカ、イギリス両政府首脳が上海事件をきわめて重視していることを示すものであった。同日午後二時半、ホワイトハウスで政府軍首脳会議が開かれ、とりあえずアメリカはマニラから巡洋艦ホウストンその他と海兵隊、陸軍一四〇〇名を上海に派遣することを決定した。

二月一日、スチムソンは上海事件への対策で忙殺された。日本が前日停戦斡旋を東京のアメリカ、イギリス、フランス三大使に依頼したのを知ったスチムソンは、停戦条件を起案して早朝九時ホワイトハウスに赴き、大統領と審議したうえ、マクドナルド首相に電話してその意見を求めた。以後、スチムソンとマクドナルド首相、サイモン外相の間に電話が交わされ、結局東京時間二日午後六時、日中両国に共同通告をすることが決定された。二月二日は、犬養内閣が第九師団、第二十四混成旅団の動員編成を決定した日であるが、午後六時、イギリス、アメリカ、フランス三国大使はうちそろって外務省を訪問、次のような同文通牒を芳沢外相に提出した。

㈠ 左記条件により双方は一切の戦闘行為を中止する。
㈡ これ以上敵対行為のためにするなんらの動員または準備をしない。
㈢ 日中双方の軍隊を上海の地域内における一切の接触地点より撤退させる。
㈣ 両軍の間を隔離する中立地帯を設け、共同租界を保護する。この地帯は中立国人が警備し、その取決めは領事が定める。
㈤ 上記諸条件が受諾されるならばパリ条約および十二月十日の国際連盟決議の精神に準拠しあらかじめ要求または留保をなすことなくかつ中立の監視者または参加者の援助のもとに両国間に現存するすべての紛争を解決するための交渉を促進する。

この同文通牒は、午後五時南京で国民政府にも伝えられ、ドイツ（四日）、イタリー（六日）からも遅れて通告された。芳沢外相は、三大使に対し、㈠―㈣は考慮の余地があるが、第五項はとうてい受諾し得ないと語った。すなわち第五項に満州問題がふくまれることを確認したうえ、「満州事件は、十二月十日の理事会決議に依り処理方針決定し居りて、上海事件とは全然別個の問題なり、然るに今満州問題を茲に包含せしめたる理由了解するに苦しむ」と述べ、日本の満州事件に対する基本方針に鑑みて、㈤の受諾は困難な旨を伝えた。四日午後六時、芳沢は、あらためて三大使を招き、中国軍が完全に挑戦行為を停止すれば、日本も戦闘行為を中止する、しかし動員または戦闘の準備をしないことは、中国軍の従来の不信行為、現在の重大な形勢に鑑みて不可能であると答え、第五項についても二日会見の際の趣旨で拒否した。フォーブス米大使は、日本は三国の提案五項目に対し一項目も承諾しないものと認めると述べたが、芳沢は第五項は絶対に同意しがたいが、他の四項目は趣旨において一致するものもあり、現に第三項、第四項については主義上同意を表していると答えた。

東京でのアメリカ、イギリス、フランス三国大使の停戦斡旋は、満州問題を包含させたため日本が強く反撥し、失敗に終わった。上海では三、四、五日と続いた陸戦隊の総攻撃が、閘北一帯の市街地を砲空爆で灰燼に帰せしめただけで、なんらの戦果を挙げ得なかったことはさきに触れた。日本陸軍の先発部隊第二十四混成旅団が呉淞鉄道桟橋に上陸した直後、二月九日、上海のイギリス総領事ブレナンは、上海あるいは東京での停戦斡旋が失敗した現在、今後起こり得る三つの道を挙げ、そのどれが得策であるかをイギリス外務省に意見具申した。すなわち、㈠、中国軍が勝利し、その結果中国軍が租界に進入する、㈡、租界周辺の戦闘で両軍とも前進し得ない手づまり状態となる、㈢、日本軍が勝利し、中国軍を上海から遠く撃退し、以後の戦闘は租界に危険を及ぼさない地域で行なわれる、の三途である。ブレナンは、第一は租界の大部分を喪失する結果となるので望ましくなく、第二は列国の干渉によって、日本が萎縮して事態に処するのに充分な兵力を送らない場合に起こる状態だが、これも第一ほどではないが望ましい情況ではないとし、租界の安全と広汎なイギリスの権益を顧慮するとき、第三の道、すなわち日本軍が中国軍を租界から相当距離外へ撃退するのが唯一の望むべき道であると結論した。彼はさらに、主として中国自身の愚劣さによっておちいった現在の地位から中国を救うことに自分は興味がないと言明し、近年外国人、ことにイギリス人が中国のでたらめな要求や無能さから受けた被害を忘れることはできないと、中国の現状を非難したのである。フレミング准将もカニンガム米総領事もほぼ同意見だとブレナンはつけ加えた。

ブレナン総領事のユニークな見解はヴァンシタート（R. Vansittart）外務事務次官やリンドレイ駐日大使の支持するところであった。リンドレイは、日本軍が中国軍を徹底的に撃滅し、その軍事的威信を回復するまで日本を抑止する手段はないとし、ブレナンのいう第三の道がやはり唯一の可能性ある道であると、十日、サイモン外相に打電した。

もちろんブレナンに反対する人々もいた。二月六日南京に到着以来、懸命に停戦の可能性を打診していたランプソン英公使は、その一人であった。彼はブレナンの考えはあまりに一地方的であり、ドグマティックであると批判した。彼によれば、中国軍の勝利が必然的に中国軍の租界への進入となるとは思えないし、一方、日本軍の勝利が他の外国にとって多くの利益をもたらすとも考えられないのであった。ランプソンとジョンソン米公使は、十一日、それぞれ自国軍艦で南京から揚子江を下航、翌十二日、上海に到着した。ランプソンの目を惹いたのは、南京や鎮江に碇泊していた中国軍艦が、日本の祝日（二月十一日紀元節）だというので日本国旗を掲げていたことであった。しかし十二日呉淞に着くと、光景は一変していた。日本の巡洋艦は間歇的に呉淞砲台や廃墟となっている呉淞鎮を砲撃していた。そして呉淞砲台を爆撃する日本飛行機二機は爆弾をランプソン搭乗のブリッジ・ウオーター艦のそばに落下させたりしたのである。

イギリスの中国艦隊司令長官ケリー（H. Kelley）は、旗艦ケントに搭乗、二月七日上海に到着、翌八日には、新任の野村第三艦隊司令長官も、その乗艦出雲を日本総領事館前の黄浦江上に碇泊させた。日英両司令官は、九日、ケント艦上で会見、日中停戦につき相互に打診した。野村長官は、現在中国軍は豪語しているが、日本陸軍の到着により袋の鼠となって粉砕されるであろうと語り、ケリーは、租界付近での戦闘を回避するよう、特に日本軍が租界を作戦の根拠地として利用しないよう要請した。野村長官は、翌十日、海軍中央に次のような意見具申を行なった。

「此の際陸軍兵力を以て支那艦隊を撃退し、帝国の武威を示すこと将来の為是非必要にして、此の目的達成もさして時日を要せざるものと認めらる。故に休戦に関する交渉には、今暫く不即不離の態度を以て臨み、英、米等の希望する租界上の飛行機通過遠慮、且《かつ》成るべく租界利用の遠慮等を行なひて、外人の神経刺戟を避けつゝ陸軍の戦勢進展を待ち、英国艦隊長官の休戦提議に関しては、適当に応対すること有利にして、若し目下の戦況を外人の調停により停戦せば、支那は戦争大勝利の宣伝中なるが故に、将来大なる禍根を貽《のこ》すものと認む。」

中国軍を撃退して、日本軍の武威を示すことが停戦の先決課題であるとの野村司令長官の判断には、海軍中央も、また重光公使も同意見であった。十三日上海に到着した第九師団長植田中将の意図もまたそこにあった。したがって十八日午前九時、ランプソン英公使の懸命の斡旋でフランス租界中日聯誼社で開かれた日中両軍の停戦交渉に臨んだ日本側代表の態度は、高圧的であった。日本軍代表第九師団参謀長田代《たしろ》（皖一郎《かんいちろう》）少将は、第十九路軍代表に、中国軍隊の租界外二〇キロ以遠への撤退と呉淞砲台等の防備を永久に撤去すること等を要求した。中国側はこの一方的要求を拒否し、二時間にわたった会談は決裂した。

植田師団長は同日午後九時、第十九路軍長蔡廷鍇《さいていかい》に最後通牒を発した。それは、二月二十日午前七時までに中国軍は第一線の撤退を完了し、同日午後五時までに租界境界線より二〇キロ以外まで後退すること、この地域内の砲台その他の軍事施設を撤去することなどを要求したものであった。中国軍の撤退を確認すれば、日本軍は虹口付近の越界道路および虹口公園の周囲をふくむ地域に撤退することになっていた。もし中国軍が要求に応じない場合は、日本軍は自由行動をとり、その結果生ずる一切の責任は中国側にあることを警告したのである。

植田師団長は、十九路軍が最後通牒を受諾することは予期せず、十九日午後四時、第二十四混成旅団には廟巷鎮《びょうこうちん》東方中国軍陣地に、第六旅団には江湾競馬場南北の線に進出後、江湾《こうわん》鎮《ちん》付近の同陣地に、第十八旅団には江湾鎮および雨傘店（新公園西北西方約二キロ）に、砲兵隊は江湾鎮および西方中国軍陣地に、それぞれ攻撃ならびに砲撃を準備するよう指令、諸部隊は、同十九日夜半、行動を開始し、二十日払暁までに配置についた。飛行隊は二十日朝、中国軍第一線を偵察したが、中国軍になんら撤退の兆候がなかったので、植田師団長は午前七時三十分、攻撃開始を下命した。

二月十八日午後九時、植田第九師団長が、蔡第十九路軍長に、期限付最後通牒を発したのを知ったジュネーブの佐藤代表は、十九日午後開かれる理事会を前にして、もし理事会が最後通牒の期限延期を要請した場合は、万難を排して承認するよう、芳沢外相に至急電を発した。「然らざれば、日本は直ちに侵略者と断定せられ、第十六条の制裁を甘受せざるを得ざるに至るべし、国家危急存亡に際し断然たる御決心相願い上げたし。」（十九日、外務省着）

芳沢外相は二十日、佐藤の上申に対し、この最後通牒は地方的な緊急措置として軍司令官、総領事から十九路軍長、上海市長に提出したもので、国家間の最後通牒とは全然意味を異にし、期限もすでに終了したので、延長することはとうてい不可能であると答えた。佐藤代表が危機意識を深めた原因には、三日前の二月十六日、日中両国をのぞく理事国十二ヵ国が日本に対し、異例な警告を行なったことがあったとみられる。十二ヵ国は一致して、「連盟規約第十条を無視して行なわれた連盟国領土の保全侵害およびその政治的独立の毀損は、連盟国により有効かつ実効的と認められない」と日本に通告し、アメリカの「不承認」政策に同調する意図を明らかにしたのであった。もちろんこれは理事会としての正式決議ではないが、いわば日本をのぞいた全理事国が日本を第十条違反者として事実上告発したことになるので、日本代表は大きな衝撃を受けざるを得なかった。

　イギリス代表の一人セシルも対日強硬策の採択を主張していた一人であった。彼は理事会で組織することを決定した上海の現地調査委員会の原因調査を促進させることが第一の急務だとし、もしこの委員会が日本を侵略者と判定したならば、理事会は日本軍の中国からの撤退を要求し、日本がこの要求を拒否したときは、東京駐在の全外交団を引き揚げさせる、外交団引揚げも日本の行動を阻止するのに効果がなければ、連盟加入国は日本商品をボイコットする、などの対抗策を企図していた。しかしセシルのこのような対日強硬策に、イギリス外務省首脳はきわめて冷たい反応しか示さなかった。ヴァンシタート次官やウエルズリー次官補らは、セシルの提案は非現実的であり、しかもきわめて危険なものとして、問題にしなかったのである。ウエルズリーは、「日本を敵視することによって多くを失うが、得るものはなにもない」という確信をもっており、日本が約束している門戸開放が守られるかぎり、満州が日本の支配下で発展することは、イギリス貿易にとって有利であると判断していたのであった。ヴァンシタート次官も戦争を決意しないかぎり、日本と外交、経済関係を断つことはできないと考えていた。日本に悪感情をいだかせ、しかもアメリカを満足させ得ないという苦境におちいることを、サイモン英外相はもっとも警戒していたのである。

　佐藤代表が憂慮しているなかで、理事会は十九日午後五時半（上海時間二十日午前零時半）より開会された。顔代表はまず発言を求め、我々は大戦争の始まろうとする分岐点に立っているが、それは中国の領土上にある中国軍を撤退させ、日本軍は占領地にいすわろうとしていることが原因であると日本の行動を非難したのち、日本軍の最後通牒についての南京電報を読みあげたのである。

次に立った佐藤代表が強調したのは、中国が国際連盟規約の対象としている組織ある国家(an organized state)ではないという点であった。十年以上にわたって内乱が続き、ひどい混乱と信じ得ない無秩序が横行している国を日本は相手としていることに、佐藤は列国の注意を惹こうとした。事態の根本的な責任は中国のアブノーマルな状態にあるというのが、佐藤代表の結論であった。

顔代表は、あと四、五時間で恐るべき戦争が開始されようとしているとき、長口舌を振った佐藤代表の真意は明白であると前提してから、日本の主張に反駁を加えた。彼にいわせれば、日本こそウェル・オーガナイズド・ステイトといえるか疑問だというのである。日本の陸海軍は政府のコントロールに服さず、日本の外交官が理事会の席上で真面目に約束することが、次の日、軍によって破棄されるという事態は、よく組織された国家の行為といえようかと、日本の矛盾を批判した。なぜ日本は、日本のいう組織されていない国家である中国との直接交渉を固執するのか、なぜ連盟での解決を回避しようとするのか理解できないと非難したうえ、もし中国に混乱と内争があるとすれば、それは中国の統一と強化を望まない日本の陰謀によるところが多いと顔代表は指摘したのである。

この日、佐藤代表が日本の満州進出の必然性を人口問題から説明したのは注目された。広大な領域をもち、しかも人口稀薄な国が日本人を受け入れないため、日本はほとんど移住し得る国をもたず、すべての世界の国々から閉め出されている現状では、隣接している満州に解決を求めなければならないと佐藤は訴えた。結局理事会は、連盟規約第十五条第九項の規定に基づき、日中紛争を総会に付議する決議（中国の要請による）を採択、ドラモンド事務総長は、ただちに連盟国五十五ヵ国に対し、三月三日の臨時総会に代表を派遣するよう招請した。

佐藤は十九日の理事会の模様を、「日本は傍聴席新聞記者満員の理事会に於て完全に世界輿論の前に孤立無援となれり」と報告した。一旦兵火が開かれれば、中国は故意に戦争をながびかせ、日本軍は引揚げの時期を失い、そのうちには規約第十六条の制裁が実行されると、佐藤は予測し、戦争を未発に防ぎ得ないとすれば、政府、国民ともに最悪の場合の覚悟を要し、「此の覚悟無くして単純なる面目論を以て押し進むが如きは正に国家百年の計を誤まるものなるべし」と警告した。

イタリー駐在の吉田（茂）大使は、逆に積極的に中国を掃蕩するよう犬養内閣、芳沢外相を激励した。吉田は「事茲に至れる以上は、万難を排して直に上海附近の支那兵を掃蕩し、独力秩序回復を計るに邁進する一事あるのみ」「今に於て躊躇逡巡せば万事休せんのみ、切に我軍の迅速果断、功を挙ぐるを翹望して已まず」（二月二十三日、吉田駐伊大使↓芳沢外相）と、政府がさらに増兵を行なっても積極策をとるよう訴えた。連盟または列強との関係は、爾後の結果に応じて善後策をとればよいというのが、吉田の考え方であった。

中国軍の抵抗――上海戦の終結

植田中将は二十日午前七時三十分、第九師団、第二十四旅団の主力に総攻撃開始を命じた。以後二十二日までのいわゆる第一次攻撃において、第九師団は戦死二一二名、負傷六一一名、生死不明四名、計八二七名の重大な損害を受けたが、戦況は頑強な十九路軍の抵抗によって、なんら進展をみなかった。特に江湾鎮をめぐる攻防戦はまさに死闘の様相を呈した。江湾鎮方面には、歩兵第七連隊主力、歩兵第三十五連隊第二大隊、歩兵第十九連隊第一大隊が砲兵隊、陸海軍飛行隊の砲爆協力のもとに力攻したが、中国軍の堅陣を抜くことはできなかった。師団長は予備隊（歩兵第十九連隊第三大隊）を投入して攻撃を続行したが、これもまた阻止された。江鎮湾に対する攻撃がいたずらに損害を招くだけで、戦況のはかばかしくないのをみた植田師団長は、攻撃の中止を命ぜざるを得なかった。そして以後の攻撃の重点を江湾鎮（含まず）以北の地区に指向することを決意し、二十一日午後八時三十分、攻撃命令を発した。

二十二日朝、混成第二十四旅団の第一線部隊は、工兵および歩兵で鉄条網を破壊したのち、午前六時前後、中国軍陣地に突入し、廟巷鎮東端、麦家宅付近を占領したが、中国軍の抵抗は続いたのみならず、旅団の右側方面ではかえって反撃に転じ、以後の日本軍の攻撃は停頓した（爆弾三勇士はこの日早朝の攻撃に参加したのである）。

主力方面では、歩兵第三十五連隊第一大隊などが、江湾鎮の北、郭家宅に向い突撃、夜襲を敢行したが、将校の大部分が死傷し、戦況はほとんど進展しなかった。二十二日午後から天候も回復し、陸海軍飛行機は江湾鎮を爆撃、また揮発油缶を投下して家屋を焼却しようと試みたが、成功しなかった。

陸軍の二十日—二十二日の総攻撃は、多くの死傷者を出すのみで失敗に終わったが、江湾鎮の北から廟巷鎮周辺で日本軍を迎撃したのは、第十九路軍ではなく、第五軍であった。第五軍は八十七、八十八の両師からなり、軍長は張治中《ちょうじちゅう》である。二月十四日、第五軍は軍政部から上海戦線に参加を命ぜられ、張は十六日南京を発して南翔に入り、部隊を江湾鎮の北から廟巷鎮、さらに呉淞クリーク北岸に沿って曹家橋の線に配置した。第五軍が右翼軍となり、左翼軍（第十九路軍）とともに第十九路軍総指揮蔣の指揮下に入った。第十九路軍の名義を使ったのは、日本側に第五軍の戦線参加を秘匿するためであったと考えられる。二十二日の廟巷鎮の戦闘には、八十八師のほか八十七師の一部も参加し、張軍長が中途から直接指揮をとる激戦となった。第五軍の戦闘要報に、廟巷鎮と江湾鎮の間には日本軍の死屍が累積したとあるが、誇張ではなかった。しかし第五軍の損失もまた大きかった。八十八師では旅長、副旅長が重傷を負い、営長六、排長八、九十名、（営は大隊、排は小隊）士兵一千余名が死傷し、八十七師も六百余名の死傷者を数えた。

中国軍陣地の堅固さと師団兵力の低下を顧慮して植田師団長は、一方突破作戦に作戦を変更せざるを得なかった。師団長は第二次攻撃の目標を麦家宅、金家塘（江湾鎮と廟巷鎮の中間地帯）に定め、飛行隊、砲兵の全火力をあげて支援することとなった。快晴の二十五日朝五時半ごろより海軍飛行隊は爆撃を開始し、砲兵隊は午前八時麦家宅、金家塘に集中砲火をあびせた。同地の中国軍陣地は、まったく爆煙をもっておおわれるにいたり、さすがの中国軍もようやく動揺した。日本軍は午前九時四十分―十時の間、突撃を敢行し、やっと目標地を占領した。砲兵隊はつづいて午前十一時より午後二時までの間、郭家宅を攻撃する左翼隊に協力、集中砲火を中国軍陣地にあびせ、その占領を支援した。

このようにして日本軍は二十五日中国軍第一線の一部に突入したが、中国軍の抵抗は予想をはるかにこえて頑強であり、中国軍陣地の全縦深《たてふか》にわたって、これを瓦解させることはできなかった。一方、日本軍は、人員の損耗がはなはだしく（二十三日―二十五日の第二次攻撃でも戦死九九、負傷三六六、計四六五名の損害を出した）、弾薬ことに重砲弾の欠乏は憂慮すべきものがあり、至急補充しなければ、今後の作戦進捗は望みがたいという状況におちいったのである。

陸軍中央部は、第九師団、第二十四混成旅団の予想外の苦戦、また国際連盟理事会が三月三日に総会を開催することを決定した情勢などを考慮し、上海の事態の速決を計ることが有利であるとの判断に達し、兵力の増派を決定した。すなわち二月二十三日、新たに上海派遣軍の編成および動員を下令した。第十一（善通寺）、第十四（宇都宮）両師団が上海に急遽派遣されることになり、二十五日陸軍大将白川義則が上海派遣軍司令官に親補された。

上海で陸軍が総攻撃を開始するという切迫した情勢のなかで、二月二十日行なわれた第十八回総選挙は、政友三〇一、民政一四六、無産各派八という結果となり、与党政友会が圧倒的に勝利した。犬養内閣はこの強化された地盤を背景に、二十三日芳沢外相をしてさきの十二理事国の通牒への回答を行なわせ、また政府声明を発表して、日本の決意を示したのである。

政府声明は、まず十二理事国の通牒は、日本にではなく、攻撃しつつある中国に対し申し入れられてこそ有効であるとし、日本のとった措置は防衛的であり、規約第十条に抵触しないことを指摘したうえ、日本は、中国を連盟規約にいう意味での「組織ある国家」とは考えていないことを、またもや強調した。「過去に於て支那は各国の約束に依り、恰《あた》かも組織ある国家なるかの如き取扱を受け来れるは事実なり。……世界は現実に反して支那を遇するに統一国家を以てしたり……吾人は真実に直面せざるべからず、而して支那に何等統制ある政府なく又全支に対して完全なる支配を主張し得る権力なきことが根本的事実なり」、この事実を連盟規約の中国への適用にあたって考慮しなければならないと主張したのである。

日本の強硬な主張とまさに対決するかのように、二十四日、スチムソン国務長官は、上院外交委員長ボラー（W. E. Borah）にあてた書翰を公表した。この書翰は、二十三日午後一時過ぎ大統領の承認を得たが、その直後（午後三時過ぎ）日本の十二理事国への回答が発表され、その結果ボラーあて書翰の発表も促進されたのである。スチムソンはこの書翰のなかで、ヘイ（J. M. Hay）国務長官のオープン-ドア・ポリシーから説き起こして、九箇国条約、不戦条約におよび、この両条約の精神を尊重する必要が、最近の満州、上海での事態によってたかまったと述べた。そしてもし九箇国条約が否認されるようなときは、それと連結するワシントン海軍軍縮条約が規定するグアム島やフィリピンの防備制限条項も当然再検討されるであろうと、日本に警告したのである。

このスチムソンの書翰が日本への警告であると同時に、イギリスや連盟に対し、より積極的な措置をとるよう示唆する意味をもっていることは、リンゼイ駐米イギリス大使も認めた。しかしリンゼイは、アメリカの対応にも限度があることを知っていた。たしかにアメリカ国内の日本への輿論は悪化していた。二月中旬、ウィルソン（W. Wilson）大統領時代の陸軍長官ベーカー（N. D. Baker）やハーバード大学総長ロウエル（A. L. Lowell）などが、大統領に対し、連盟が対日ボイコットを実施する場合はアメリカも参加する旨を事前に発表するよう要請したことは、大きな反響をよんでいた。ただリンゼイ大使は、フーバー大統領が文書による抗議以上の強硬措置には強い反対の意向をもっていること、またアメリカ議会も、いかなる制裁措置にも確実に反対することを知っていたのであった。

二十日から開催された日本陸軍の総攻撃は、一部の局地的進撃をのぞいて挫折し、さらに二個師団の派兵を余儀なくされたのだが、中国側も第五軍、ことに八十八師は非常な損失を受け、第一線から整理、後退を余儀なくされるという重大な局面を迎えたのであった。第十九路軍の抗戦もほぼ限界に達していた。ここにおいて停戦、和平への動きが急にクローズアップされるにいたった。

二十七日、第十九路軍参謀長黄強は、羅（文幹）外交部長の私的代表として上海に駐在している顧維鈞とともに、イギリス中国艦隊司令長官ケリーと会見、第十九路軍は和平交渉の用意があるとし、もし日本軍が撤退するならば、中国軍も二〇キロ外の地点まで撤退する、ただし撤退は第三国が監視することを条件とすると申し出た。ケリー提督は、同夜野村第三艦隊司令長官をケント艦に招き、中国側申出の要点を伝え、三月三日の国際連盟総会の前になんらかの諒解が成立することが望ましいと語り、予備交渉をケント艦上で行なってはどうかと勧告した。和平への動きは現地のみでなく、南京の国民政府首脳もランプソン英公使の打診に対し、含みのある態度を示した。ランプソンは、二十八日蔣介石と羅外交部長にそれぞれ会見した。ランプソンの感触では、蔣も羅も、日本の要求条項中呉淞砲台等の撤去には絶対に応じないが、租界外二〇キロ地点への後退については、中国が面子を失わずに自発的に撤退するのであれば、受諾の可能性があるとみられたのである。

野村第三艦隊司令長官と松岡洋右《まつおかようすけ》（芳沢外相の依頼で和平交渉のため二月十八日より上海滞在中）は、二月二十八日の午後ケント艦上で、第十九路軍参謀長黄強、顧維鈞と会見した。ケリー提督の勧告に応じたのである。この会談の内容は、野村、松岡が重光公使に伝えたところによれば、次のようであった。すなわち、ケント艦上での論議は主として二〇キロ外撤退問題に集中したが、結局、㈠、二〇キロといわずして事実上二〇キロに当たる地点を指摘して撤退する。㈡、撤退は相互的かつ同時に行ない、日本軍は租界およびエキステンション（越界道路）に撤退する、㈢、撤退順序、撤退の実行を保障する方法および撤退地域の警察等についてはさらに審議する、等につき了解に達し、これらの点が両国政府の賛同を得たら、これを基礎とし、さらに両国から責任者を出して会議するというのである。事実上二〇キロ外地点への中国軍の撤退、日中両軍の同時かつ相互撤退の原則、この二点が同意されたことが注目される。ただジョンソン米公使の報告は、この会談では日中両軍の相互かつ同時撤退の原則は同意されたが、二〇キロ外撤退問題については、日本側はこれを強く主張したが、中国側の反対で了解に達しなかったとしており、正確な会談内容については、現在判然としていない。

この会談の行なわれた翌二十九日、顧維鈞は、中国側の和平条件を伝えた。それは、㈠、日中両国の相互的かつ同時撤退、㈡、呉淞および獅子林砲台の永久的武装解除の問題は出さない、㈢、両軍の撤退を監督するために中立国オブザーバーを加えた委員会を設置する、㈣、撤退地域の治安維持は中国側が当たる、㈤、中国軍は真茹に、日本軍は租界および越界道路に撤退する、以後中国軍は南翔に撤退する、等である。南翔鎮はほぼ租界外十四、五キロ地点である。しかし日本側の正式回答は三月二日夕刻まで出されなかった。

ケント艦会談の行なわれた二十八日前後は、上海の戦局は微妙かつ重大な段階に達していた。前日二十七日、第九師団、歩兵第七連隊は砲兵の協力下にようやく激戦地江湾鎮を占領することに成功した。同日および会談の行なわれた二十八日夜には、混成第二十四旅団と第九師団の補充員約千人が上海に到着し、日本軍の戦力が増加したのみならず、新たに動員された第十一師団の先遣隊歩兵第二十二連隊も、二十八日夕、呉淞鉄道桟橋に到着、第九師団長の指揮下に入った。欠乏していた弾薬も海軍側より多く融通を受け、上海における日本軍兵力は二十八日著しく強化されたのである。植田師団長は、軍主力の上陸予定日三月一日を期して、中国軍の第一線陣地を突破し、大場鎮を攻撃する第三次攻撃を実行するため、新たな兵力配備を実施した。

白川軍司令官は、第十一師団とともに、二十七日、徳島県小松島で第二艦隊の軍艦妙高《みようこう》に搭乗、二十九日揚子江口に達し、翌三月一日朝、十一師団主力を七了口付近に揚陸することとした。

三月一日は快晴であった。午前六時三十分、海軍飛行隊は右翼隊歩兵第十八旅団正面の敵陣地に爆撃を集中、砲兵隊も八時三十分射撃を開始した。十時から十一時にかけて各部隊は進撃を開始、激戦を交えつつ大場鎮《だいじようちん》をめざしたのである。第十一師団は同日早暁、七了口に上陸、ただちに瀏河鎮に向け攻撃前進、背後から中国軍に脅威を与え、中国軍は重大な危機におちいった。一日夜、ついに頑強に抗戦し日本軍に苦戦を余儀なくさせた第十九路軍、第五軍は陣地を撤退し、中国軍は一斉に退却を実施した。中国軍は真茹鎮、南翔鎮付近から鉄道により西方に向かい、一部は陸路蘇州河南方に、他の一部は嘉定《かてい》付近を経て太倉《たいそう》方面に退却した模様であった。

二日、戦局は一変した。二日午後四時三十分、第十一師団は瀏河鎮を占領、第九師団は正午前後、大場鎮南北の線を抜き、南翔鎮および真茹鎮方向に中国軍を急追した。三日は戦場一帯に銃声を聞くことはほとんどなくなった。第十八旅団は、中国軍の抵抗を受けることなく、三日午前七時ごろ、真茹駅付近を占領、午前十時、新鋭の歩兵第二十二連隊、つづいて混成第二十四旅団、歩兵第六旅団が南翔鎮に入り、歩兵第二十二連隊はさらに嘉定に向かったのである。第二十二連隊は午後五時、嘉定南門に達し、一挙に城壁を攀登《はんとう》し、同八時ごろには完全に嘉定を占領した。

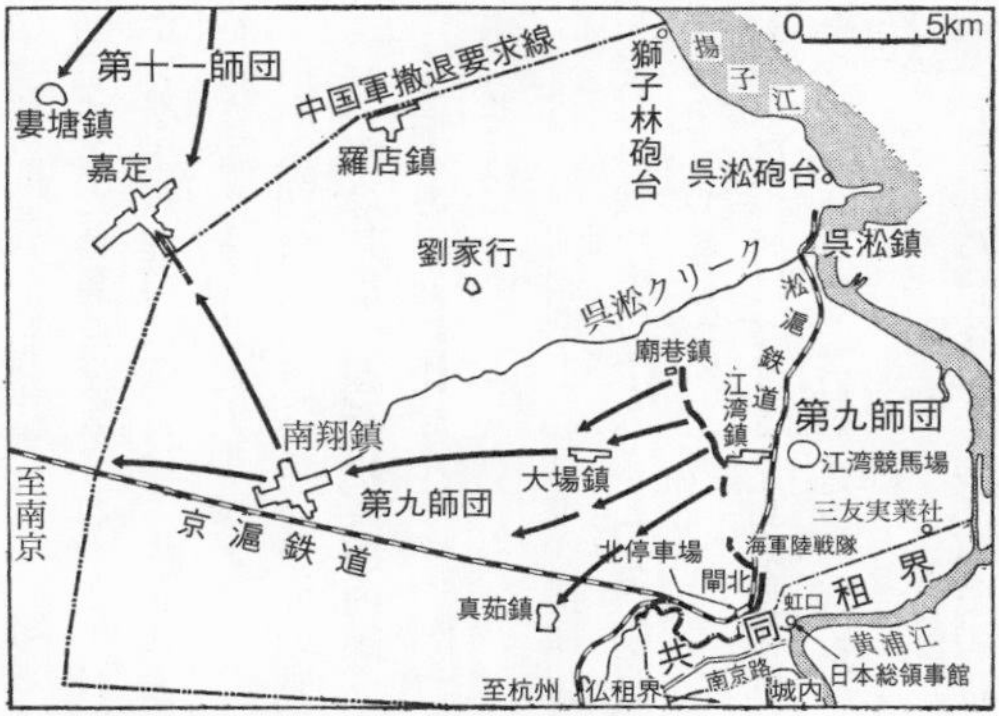

上海付近戦闘概図（1932年3月1日～3日）

三日朝、陸軍は、芳沢外相に、本三日以後の戦闘は昨二日の戦闘の結果を確実にするための惰性的戦闘動作（攻撃戦闘の余勢）で、中国軍が大規模の反撃行動をとらないかぎり、日本軍の戦闘は本三日で中止することが期待されていると通告した。白川軍司令官は、軍中央の意をうけて三日午後二時、次のような停戦に関する声明を発表した。

「……今や支那軍は帝国陸軍の当初要求したる距離以下に退却し、帝国臣民の安全と、上海租界の平和とは茲に恢復の兆を認めらるるに至れるを以て、本職は支那軍にして対敵行動を取らざる限り暫く軍を現在地に留めて戦闘行動を中止せんとす。」

この一方的な戦闘中止声明は、同日午前十一時

（上海時間三月四日午前四時）、ジュネーブで開催される国際連盟総会における最悪の事態を回避するため急遽発表されたことは明らかである。二日中国軍総退却を知らされたポール－ボンクール理事会議長は、佐藤代表に、総会を救う唯一の良策は日本軍の即時戦闘停止の措置しかないと勧告したのである。

白川軍司令官はさらに各方面の戦況を検討したうえ、午後四時、次の命令を下達した。

一、軍は其第一線を以て瀏河鎮、嘉定、南翔鎮、真茹鎮の線を占めて態勢を整理し、占領線内の守備に任ぜんとす。

（以下略）

一方、中国側第十九路軍総指揮蔣は、やや遅れて三月六日、国際連盟からの要請を理由として、停戦を実行することを声明し、ここに上海における一月二十八日夜半以来の戦闘は終止符をうつにいたった。

陸軍は上海における今回の勝利は、日露戦争奉天の戦以来の大勝で、中国軍は徹底的打撃を受け、一万以上の損害を受けたと芳沢外相に誇示し、軍の威信の回復をうたったのである。

一月二十八日夜、上海海軍陸戦隊が第十九路軍と交戦してから三月三日まで三十六日間、上海およびその近郊に展開された日中両軍の激戦は、多大の被害を両軍に与えたのみならず、戦闘地域の中国一般市民の受けた災禍は筆舌につくしがたいものがあった。日中両軍の死傷者数は、Ⅰ、Ⅱ表のごとくである。日本軍の戦死傷者合計三〇九一名を、九月十九日以降、三月十三日までの満州事変関係の戦死傷者一一九九名（Ⅲ表）と比較すると、短時間狭少な区域で行なわれた上海戦の激烈さが浮彫りされるのである。日本軍参加人員に対する死傷率は一七パーセントに達し、日露戦争における遼陽会戦の死傷率に等しいと指摘された。

Ⅰ　上海事変の日本軍戦死傷者
（1932年1月28日～3月3日）

	戦死	戦傷	計
陸軍	620	1622	2242
海軍	149	700	849
計	769	2322	3091

参謀本部編『満州事変史』第一巻

Ⅱ　同中国軍戦死傷者

	戦死	戦傷	失蹤	計
第十九路軍	2422	6343	131	8896
第五軍	1664	3141	625	5430
計	4086	9484	756	14326

『淞滬禦日血戦大画史』『革命文献』第36輯より再引

Ⅲ　満州事変関係戦死傷者
（1931年9月19日～1932年3月13日）

関東軍	第二師団	混成旅団	憲兵隊	天津部隊	計
279	633	279	3	5	1199

『朝日新聞』1932年3月16日記事

中国人一般市民の被害について、上海市社会局の三月六日調査では、死亡者六〇八〇名、負傷者二〇〇〇名、行方不明者一万四〇〇名、計一万八四八〇名であり、他の資料では、死亡者一万一四七五名、負傷者四三一八名、失蹤者五四三三名、計二万一二二五名となっている。いずれにせよ二万名前後の死傷者、行方不明者があり、全壊あるいは半壊家屋は一六万戸の多きに達したのである。玉井組（三井物産の石炭荷役請負）の責任者として石炭仲仕五〇人を連れて二月二日若松出発、二十七日まで上海で作業していた火《ひ》野《の》葦平《あしへい》は、民間人と思われる多くの中国人死体を駆逐艦によって揚子江に投棄する作業に、ときには従事したと『魔の河』（一九五七年発表）で示唆しているが、大量の行方不明者と若干の関連があるとみて差支えないであろう。

中国軍（第十九路軍、第五軍）は、死傷者が激増するにかかわらず、後援が続かず、しかも第十一師団が瀏河鎮方向へ進撃してきて、側面、後方とも危険にさらされ、ついに三月一日、全面的な撤退を実施したのだが、その三十数日間の抗戦は、予想外の善戦として内外から注視された。汪兆銘行政院長は二月二十九日、洛陽における演説で、上海の中国軍の奮戦を高く評価した。「去年九月十八日、日本が東北で出兵したときは、わずか二十四時間内に、遼寧省、吉林省の二省が日本軍に占領された。これは不抵抗の結果である。今次上海の我が軍は死力をもって抵抗し、三十日間善戦を続けているが、いまだ尺寸の土地をも失っていない。抵抗すれば三十日を経ても寸土を失わないが、抵抗しなければ、二十四時間で両省を失う」と、汪は上海における中国軍の抗戦を讃え、中国の抵抗が日本に流血なくしては中国を滅亡させることができないことを教える一方、中国の不抵抗に不満であった列国や世界の輿論を変化させたことを指摘した。今次の抵抗は軍隊が必死の覚悟で行なっただけでなく、上海の一般民衆も一身一家を顧みず前線の将士を激励し、国民党以外の人々も一致して政府を擁護したと、汪は民族意識が上海戦によって昂揚したことに大きな価値をおいたのであった。

汪行政院長の指摘するように、上海戦によって中国の民族意識が昂揚したことはたしかであった。しかし『プラウダ』の三月四日の論説は、上海戦の意外な結末、軍事行動停止の原因は、日本の将軍連の才幹にではなく、国民党の政策に求めなければならないと主張した。「疑いもなく日本軍の瀏河上陸は、呉淞―江湾鎮―閘北の戦線を占めていた中国軍にとって困難な情勢を作り出した。しかし、もし中国軍閥、国民党、中国買弁ブルジョアジーが真に帝国主義者の侵略から、領土分割から、中国を擁護しようと欲したならば、日本軍の側面運動と背後からの打撃の脅威は排除され得たにちがいないこともまた、疑いのないところである。」この『プラウダ』論説の指摘するように、国民政府には全面的な対日抵抗を展開する意図はなかった。第十九路軍の三月一日付の電報も、全国的な総動員のもとで広範囲に徹底的に戦わないかぎり、最終的な勝利を達することはできないと述べていた。

上海で戦闘が続いている最中、国民政府は南京で日本側に接触し、諒解工作を続けていた。軍政部次長陳儀《ちんぎ》は、南京の上村《かみむら》（伸一《しんいち》）総領事代理や原田《はらだ》（熊吉《くまきち》、陸軍中佐）武官代理に対し、上海の事件にまきこまれるのを極度に警戒する姿勢を示した。第九師団が上陸し、激戦が展開されたのちも、南京の外交部や憲兵司令部は毎日のように部員を上村総領事代理のもとに派遣し、上海の戦闘は第十九路軍のなすところであって、南京はこの影響を受けたくないと、日本側と意思の疎通を計るのに懸命であった。ただ第十九路軍が勇敢に抗戦しているにもかかわらず、国民政府がなんら積極的援助をしていないという批判が、反蔣派はもとより、国内一般からきびしくなったので、蔣もいいわけの立ち得る程度の援助はなさざるを得ないと釈明したりした。上村総領事代理も「国内の関係錯綜せる支那の現状にては蔣介石の立場に付ても相当同情的にみるの要」があり、蒋介石の第十九路軍援助に対し、必要以上の積極的行動をとって、蒋を窮地におとしいれ反撥させるのは面白くない結果を招くと、芳沢外相に二月二十八日上申した。

第十九路軍（途中から蒋介石の指示で第五軍も参加するが）が日本軍と激戦を展開しているとき、国民政府首脳は対日強硬策を誇示しつつ、実質的には対日宥和につとめ、全面戦の回避を画策するという二重政策を一貫してとりつづけた。その最大の原因は、汪兆銘が一月二十四日フランス公使に語ったように、共産軍の脅威にあったとみるべきであろう。汪のいうように、対日戦の拡大は共産軍の国民政府への攻撃力を瞬時に強化させることは疑い得なかった。ランプソン英公使も、もし上海付近での戦闘が続けば、控え目にみても国民政府は二十万の軍隊を江西から上海に移駐増援させなければならず、これは江西省や要衝漢口を共産軍の手にゆだねるものと判断している政府要人が多いことを指摘している。

国民政府が対日戦を全面的に展開できない事情として、共産党、共産軍の現実的脅威が挙げられるとすれば、日本の戦争の論理のなかにも共産党、共産軍の脅威がしばしば指摘されたのである。その一例を海軍の豊田《とよだ》（貞次郎《ていじろう》）軍務局長が二月二十八日フォーブス米大使にあてた私信にみることができよう。豊田は、アメリカや国際連盟は日本が中国の領土や政治的独立を侵害すると非難するが、もし中国に日本居留民を保護し得る強固な責任ある政府が存在するならば、我々はどうしてこのような危険を冒し、高価にしてしかも不評判な行動をするであろうかと、上海事変の勃発の責任は中国側にあるとしたうえ、共産主義の脅威に言及する。豊田にいわせれば、共産主義的色彩の強い蔡廷鍇の第十九路軍が大衆から英雄として讃美されるのは、蔣介石の犠牲においてであり、今や全中国は共産主義に支配される好機となっている。ソ連の勢力がバルチック海から太平洋にまで拡大し、我々または次の世代は中国、ソ連の共産主義かアングロサクソンの資本主義かの選択を迫られるが、日本は結局資本主義の前進基地となると豊田は予測した。日本軍部と国民政府の論理のなかには、対立しつつも奇妙にオーバーラップする局面のあることを認めなければならないのである。

三月五日の『朝日新聞』の論説は注目すべき二点を含んでいた。一つは日本の上海における行動が第三国の利益を軽視するものではないと主張している点である。「今後円卓会議等進行することとともならば、我国の心事は決して一国の利益を計らんとするものでなく、各国の共通利益の助長をこそ急とすることが判明し来ることを疑はぬ」と日本の軍事行動の意図がアメリカ、イギリス等列国の共通利益を防衛するものであることを強調した。他の点は、日本の軍事行動が、イギリス人やアメリカ人が推察するような中国本土の征服の念にかられたものでなく、打算的な欧米人の理解し得ない「日本流のプレステッジ」に基づくとした点である。日本流のプレステッジの内容を朝日論説は説明していないが、軍の威信、ひいては日本の威信と解釈することはできよう。上海事変の経過を通じて何度かあった和平の機会を日本が拒否した大きな原因に、「軍の威信」が中国軍を一撃し撃退することによって回復しない限り、和平に応じられないとする見解があったことはさきにふれた。

ジョンソン米公使は、二月十九日、特派されてきた松岡洋右代議士と上海で会見した際、上海における中国人の行動は、決してコミュニストの仕業ではなく、今まで我々が目撃することがなかった、中国人の国を愛する純粋な情熱のあらわれである、この愛国心は、日本の軍事行動が深化するにつれ、全中国にわたって広がり、普遍化するであろうと、確信をもって語った。

エピローグ――玉と鏡と剣

一九三二年（昭和七年）一月三日、第二十師団が錦州を占領すると、関東軍は各兵団の配置、任務を次のようにきめた。

満鉄沿線奉天以南　第二師団（第三旅団欠）
〃　鉄嶺以北　独立守備隊
チチハル、長春、吉林付近　混成第四旅団、吉長警備隊（歩兵第三旅団）
遼西地方　第二十師団（混成第八旅団、歩兵第三十九旅団、混成第三十八旅団）

各部隊は一月九日、配置を完了した。そして第二十師団、第二師団は一月下旬、担任地域で活潑に活動していた不正規軍の掃蕩作戦を実施した。新民、打虎山の不正規軍はしばしば日本軍を襲撃、一月十一日には、騎兵第十連隊第二中隊の中隊長以下一三名が戦死するなどの被害を与えた。一月十三日の「片倉日誌」にも「第二十師団兵匪に悩まさるること甚し、過般錦西に於て古閑聯隊長の戦死、打虎山の襲撃、新立屯の失敗等兵匪土賊に対し苦悶の状に在り」と第二十師団の苦境が誌され、満州の事情に慣れないのと、兵力の過度の分散が苦境を招いた原因とされた。第二十師団は、一月二十三日から二十六日にかけて、歩兵九個大隊の兵力を動員して、打虎山西方地区への攻撃を実施した。第二師団も一月十一日から二十五日まで奉天、遼陽、牛荘《ぎゅうそう》付近の不正規軍に対する攻撃を実施したが、治安は依然として不安であった。

一方、北満最大の都市で、交通の要衝ハルビン（人口四二万）の事態も一月、錦州占領直後から緊張を増してきた。錦州占領後の次の軍事目標として、ハルビンの占領が関東軍の日程にのぼったためである。天津で暗躍していた土肥原大佐がハルビン特務機関長に任命され、一月二十六日赴任したのは、ハルビン攻略の前兆であった。張学良から独立して吉林に新政権を組織した熙洽は、一月五日、ハルビン東北方約六〇キロの賓県に根拠地を置いて活動していた前黒竜江省主席張作相系の軍隊に攻撃を開始し、一月二十五日にはハルビン南方まで兵を進めた。ハルビンの護路軍司令丁超は、熙洽軍をハルビン東側地区で迎撃し、激戦が展開された。ハルビンには日本人約四〇〇〇名、朝鮮人約一五〇〇名が居留していたが、中国市街傅家甸《ふかでん》で、日本人一名、朝鮮人三名が殺され、朝鮮人多数が拉致された。

ハルビンの事態の緊迫を見た本庄関東軍司令官は、長春の歩兵第三旅団長長谷部少将にハルビン方面への出動準備を下命、ソ連との関係が悪化するのを憂慮して躊躇していた参謀本部も、一月二十八日午前三時、関東軍が申請した歩兵二個大隊の出動を承認した。上海では、この日夜から日本陸戦隊と第十九路軍とのあいだに激戦が始まり、世界の耳目は国際都市上海に集中したため、北満ハルビン方面の事態の急転は、それほど人目を惹かなかった。

長谷部支隊は出動準備が遅れ、二十八日午後九時ようやく寛城子を発し、途中抵抗を撃破しながら、三十日夕刻双城堡《そうじょうほ》に到着した。翌三十一日早暁から、支隊は約三〇〇〇名の中国軍と交戦し、戦死一六名、負傷五二名をだす二時間の戦闘ののち、中国軍を撃退した。本庄司令官は、二十九日、多門第二師団長に、師団残部の長春集結、ハルビン出動を命じた。第二師団主力は、二月一日長春に集結、北進を開始し、零下五度から二十度の厳しい寒さのなかで丁超軍主力と交戦、これを圧迫して二月五日ハルビンに入った。三月三日から五日の戦闘で日本軍の損害は戦死三四名、負傷七二名に達した。賓県方面に退却した丁超軍は、まだ勢力を温存していたので、関東軍は第二師団をハルビンに駐留させ、第二師団が従来担当していた満鉄沿線奉天以南の治安維持には混成第八旅団をあてた。

日本軍は二月五日ハルビン占領後、ただちに行政機関の整備を急いだ。ハルビンの有力者たちは競って多門師団長の歓迎会を開いた。松花江《しょうかこう》の対岸で日本軍のハルビン入市を見ていた馬占山は、七日ハルビンに来て、多門師団長や飛行機でハルビンに入った石原参謀らと会談した。馬占山は日本軍のチチハル占領（十一月十九日）後、根拠地海倫に撤退していたが、その黒竜江省における声望は抜きがたいものがあったので、板垣参謀らは十二月七日、危険を冒して海倫にまで馬を訪ね、黒竜江省主席の地位を約して懸命に日本と協力するよう説得を試みたのであった。板垣らの説得と誘引を受けた馬占山は、日本軍のハルビン入城に際し、ハルビンに来て、さらに長春に赴いたのである。

北満の要衝ハルビンを占領し、かつ馬占山が協力の姿勢をみせたため、満州における独立政権樹立の動きは急激にたかまった。奉天省長臧式毅（遼寧省主席臧式毅は九・一八以来軟禁されていたが、十二月十三日釈放され、同十六日奉天省長に就任した）、吉林省長熙洽、黒竜江省長張景恵、それに馬占山の「四巨頭」を奉天に集め、新政権発足の第一歩を踏みださせようと関東軍首脳は画策した。張景恵は十五日、馬占山は十六日それぞれ日本軍の飛行機でハルビンを出発、奉天に向かった。熙洽も吉林から十五日到着した。張景恵、馬占山、熙洽、臧式毅の四者は十六日午後、うちそろって本庄軍司令官を訪問、以後十七日未明まで新政権に関し協議を行ない、張景恵を委員長とする東北行政委員会を組織し、馬占山を黒竜江省長官に任命した。十七日夕、四者会談がさらに開かれ、翌十八日、東北行政委員会は「党国政府と関係を脱離し東北省区は完全に独立せり」との独立宣言を発した。片倉参謀によれば、「事変以来五閲月茲に独立宣言の運びとなれるは実に歴史的記念日」であった。以後、関東軍は溥儀ならびにその関係者との調整を進め、二十四日、政体を民本政治とし、国首＝執政、国号＝満州国、国旗＝新五色旗、年号＝大同の基本構想を樹立した。そして三月一日午前九時、東北行政委員会会長張景恵邸で満州国政府の建国宣言が発せられたのである。

このように、関東軍指導のもとに新国家の組織が進められたが、森島奉天総領事代理も、二月二十一日、新国家の建設は、「仮令廟議に於て如何なる方策樹立せらるるとするも大勢を阻止するに由なく」と認識し、新国家成立の事実を前提として、対外関係に累を及ぼさないよう協力する以外に道はないと考えるにいたった。林総領事は、ブラジル大使に就任するため、すでに前年末、奉天を去っていた。

溥儀は三月六日旅順を発し湯崗子に向かい、同所に二泊した。八日午前八時特別列車で湯崗子を出発、公主嶺で吉林省長官熙洽の出迎えを受け、午後三時長春駅到着、長春市政府(新政府外交部)に入った。駅前広場や通過沿道には、多数の市民が集まり、城内の商戸には新国旗が掲げられ、馬車、自動車にも小旗がはためいた。長春では七日夕刻より公安局が総動員されて厳戒態勢をとった。督察長の指揮する平服の警戒員は、各宿舎、料理店、劇場等を検索し、公安隊長の指揮する制服隊は市内要所に立哨するのみならず、徹底的な戸口調査を行ない、間断なく市内を巡廻して厳重な警戒を実施した。

溥儀の執政就任式は九日午後三時から仮執政府において挙行された。張景恵、斉王、凌《りょう》陞《しょう》、熙洽、馬占山、張海鵬、臧式毅が参列、日本側からは本庄軍司令官、内田満鉄総裁、林関東庁警務局長、森独立守備隊司令官、石射吉林総領事、板垣参謀らが出席した。就任式終了後、庭で国旗掲揚式を行ない、記念撮影など約三十分で行事を終了した。

満州国の成立、溥儀の執政就任を祝って、吉林、ハルビン、その他各都市で日本軍指導のもとで大袈裟な祝賀行事がくりひろげられた。ハルビンでは九日より四日間、祝賀会、旗行列、提灯行列などの多彩な催しがあり、街は新国旗や宣伝ポスターで埋まった。吉林でも十日午前十時、城内公共運動場で大祝賀式が挙行され、午後の旗行列には一万人の参加者をみた。しかし、間島地方の局子街《きよくしがい》などのように新国旗掲揚の命令に従わない都市もあった。局子街では商務会を中心に建国運動に関する一切の命令に不服従を決議し、警備司令の厳罰に処すという命令が出されて、ようやく新国旗の掲揚をみたのであった。

溥儀は三月六日、旅順から湯崗子に到着したのだが、この日、板垣参謀は湯崗子に来て、溥儀に一枚の文書に花押させた。この文書の日付は、溥儀が執政に就任した九日の翌日、十日となっている。すなわち大同元年三月十日、執政溥儀より本庄関東軍司令官あての書簡である。主要部分を引用する。

一、弊国（著者注―満州国）は今後の国防及治安維持を貴国に委託し其の所要経費は総て弊国に於て之を負担す
二、弊国は貴国軍隊が国防上必要とする限り既設の鉄道、港湾、水路、航空路等の管理並新路の敷設は総て之を貴国又は貴国指定の機関に委託すべきことを承認す
三、弊国は貴国軍隊が必要と認むる各種の施設に関し極力之を援助す
四、貴国人にして達識名望ある者を弊国参議に任じ其の他中央及地方各官署に貴国人を任用すべく其の選任は貴軍司令官の推薦に依り其の解職は同司令官の同意を要件とす

この溥儀の本庄軍司令官あての書簡が、まさに九・一八以来の日本の軍事行動の帰結であ

り、満州国の実質的内容であった。関東軍の構想は、六ヵ月をまたずして全面的に実現の緒についた。満州国の国内の治安維持および、国防の全権は関東軍にゆだねられた。鉄道港湾など主要交通路の管理は日本が全面的に掌握し、中央政府、地方政府に事実上関東軍司令官が任命権をもつ日本人が登用されることになった。もちろん、広汎な満州全域の全面的な支配への道はまだ遠かった。日本側の調査でも、一月から四月にかけて、約十二万の反日軍が満州一帯に活動していた。そのうち張学良の指揮下にあるものは、東北抗日義勇軍、東北国民義勇軍、東北抗日愛国軍、熱河義勇軍など四万とされた。しかし日本がまがりなりにも「満州国」を形成し得たのは、張学良配下の小軍閥が、日本側の軍事的圧力と、買収、地位その他による誘引に屈して張学良より離反し、日本軍に協力する姿勢をとったこと、また日本軍が南、北満州の物資集散の動脈たる鉄道を直接、あるいは間接に支配したことによるとみられる。

さて本庄軍司令官あての溥儀書簡が、荒木陸相や政府首脳にどのような形で伝えられたかは不明だが、犬養内閣は十二日閣議を開き、「満蒙問題処理方針要綱」を決定した。これは一月初め板垣参謀が上京した際、海、陸、外三省案として、板垣に提示したものをさらに整理したものである。要綱は、「満蒙は支那本部政権より分離独立せる一政権の統治支配地域となれる現状に鑑み逐次一国家たるの実質を具有する様之を誘導す」と、満州国独立承認の方向を示唆し、満蒙の国防および治安維持は日本が担任する方針をも明らかにした。ただ、このような措置が国際法、国際条約に抵触することを避けるため、「満蒙政権問題に関する施措は九国条約等の関係上出来得る限り新国家側の自主的発意に基くが如き形式に依るを可とす」とも規定したが、このような糊塗策がなんらの効果がないことは明らかであった。三月三日から開かれた連盟総会は、全員一致で、事実上満州国を否認する原則を樹立したのである。

満州国の建国、溥儀の執政就任とあわただしい満州での動きとときを同じくして、ジュネーブでは、中国が規約第十五条第九項によって請求した国際連盟総会は、サイモン英外相、ブリューニング（H. Brüning）独首相、グランディ伊外相など五十一ヵ国の代表が参集して、三月三日開催された。同日上海の日本軍が発した戦闘中止の声明は、悪化の一路をたどっていたジュネーブの対日感情をいくらかでも緩和した。総会ではポール－ボンクール理事会議長が、日中間の紛争に理事会のとってきた経過を最初に報告した。ポール－ボンクールは、理事会が特別総会を開いたのは二度目だが、第一回の特別総会がドイツの連盟加入のために希望に満ちていたのに対し、今日の総会は苦痛にして悲劇的な状態で開かれたと前置きしたのち、日中二大国間の紛争解決が連盟にとって困難であった原因として、事件の起こった場所が遠隔の地であること、その国（中国）の国内が無秩序なること、この地方に関係深いアメリカの協力なしには有効な手段をとれないこと等をあげた。

理事会議長の演説後、総会は、ベルギー代表イーマンス（P. Hymans）外相を議長に選挙していったん散会し、午後四時から第二次会合を開いた。この会議で顔恵慶中国代表は、九・一八以来、日本軍が中国領土においてたえず行動し、二十万平方マイルの地域が日本の占領下に帰したと指摘し、上海事件について「上海においても奉天と同じく、事件の直接の口実は些細な出来事であった。すなわち一名の日本人僧侶が街上の喧嘩で殺されたということである。しかしこれが四十隻の軍艦と十万人の兵隊を送る理由であろうか」と、日本の行動を非難した。総会は四日、急遽敵対行為の停止と日本軍の撤退を規定する協定締結のための商議の開始を勧告する決議を全会一致で可決、翌五日から八日まで、一般委員会（連盟総会の各国代表一名ずつで組織される）で日中紛争の全般的審議を開始し、各国代表の演説が続いた。チェコ代表ベネシュ（E. Beneš）外相は、「中国における若干の政治的事実に関して特殊性を認めるにしても、連盟規約の原則は無条件に尊重せねばならない」と強調し、日本代表の、中国の特殊性を理由に連盟規約の適用を拒否しようとする姿勢に一矢を報いた。

一般委員会の討論を終えて、連盟総会は三月十一日開催され、次の二点を趣旨とする決議が成立した。一つは、連盟国は、国際連盟規約、もしくは不戦条約に反する手段によって成立をみる一切の状態、条約または協定を承認しないという不承認原則で、他は、今後は十九人委員会（総会議長、当事国をのぞく全理事国代表および秘密投票によって選挙される六代表の計十九名よりなる）を設置し、この委員会が総会に代わり規約第十五条に沿って手続きを進めるという決議である。言葉をかえれば、満州国の否認と日本の行動への規約適用の強化であった。

日本が「満州国」を発足させたことを、十二月十日の理事会決議に基づき国際連盟から派遣された調査団は日本内地で知った。リットン（V. A. G. R. Lytton）卿（英）を委員長とする調査団の一行は、アメリカを経由して、二月二十九日ようやく東京に着いた。リットンのほか、マッコイ（F. R. McCoy）少将（米）、クローデル（H. E. Claudel）中将（仏）、シュネー（H. Schnee）博士（独）、アルドロヴァンディ（L. M. Aldrovandi）伯（伊）五人で組織された調査団は、中国に向かう経路を選択するにも細心の注意をはらわざるを得なかった。十二月十日決議の成立の過程が明らかに示すように、中国は調査の対象を満州に限定したい方針であり、日本は中国全体を調査するよう強く主張し、日本の主張が認められたのであった。これは単に調査範囲の問題ではなく、重大な日本の意図を含んでいたことはさきにふれた。調査団は、もし時間的にもっとも早いシベリア鉄道を経由して中国に到着し、満州でまず調査を始めれば、調査団の姿勢が中国寄りであると日本に判断されることを警戒した。そこでリットン一行は、二月三日ヨーロッパを離れ、大西洋を渡って九日ニューヨークに到着、アメリカ代表マッコイの参加を得、アメリカ大陸を横断したうえ、太平洋航路をとって日本に到着したのである。

東京での調査団の日程は多忙をきわめた。天皇に謁見したのをはじめ、犬養首相、芳沢外相、荒木陸相ら政府首脳と会見、また財界、日英協会などの歓迎会に赴いた。三月四日夜、工業倶楽部での晩餐会を主催した三井財閥の総帥、三井合名理事長団琢磨《だんたくま》が、翌五日朝十一時半ごろ、出勤の途次、日本橋三越寄りの歩道で血盟団員のため射殺されたのは、リットンはじめ調査団一行に日本の政情の不安について強い印象を与えた。血盟団はすでに二月九日、若槻内閣の蔵相井上準之助《いのうえじゅんのすけ》を射殺していた。リットン委員長と、団と旧交のあったマッコイ米代表は団の葬儀に参列し弔意を表した。

リットン一行は、芳沢外相とは三日から八日まで五回にわたって会談し、率直な質疑を行なった。しかしもっとも印象的な会見は、三月五日、団が暗殺された日であるが、陸相官邸で行なわれた荒木陸相との会談であった。荒木は、日本帝国の古代から現代にいたる理想は、玉と鏡と剣という三種の神器に象徴されていることから説きはじめ、日本の貧弱な国土が増大する人口を養い得ず、また世界の門戸が閉鎖されているため、日本はアジア大陸に資源を求めなければならないという現実にまで説き及んだのである。リットンの質問に対する陸相の答弁は矛盾した点が多かったが、最後に荒木はほぼ次のように述べて会談を終わった。

「私の願うことは、あなた方が中国へ行ったら、中国を歴史、地理その他あらゆる異なった角度から充分に視察調査してもらいたいことである。（中略）上海で中国は和平交渉をしながら、一方で戦闘を続けている。中国には真の政府が存在しているかどうか疑問である。中国を統一された文明国とみなすことはできないと私には思われる。もし中国を統一された文明国として取り扱うならば、現在のトラブルに現実的な解決をもたらすことは不可能である。そのうえ満州には、ロシアからの共産化の脅威がある。日本はこれら困難な環境にあり、今や日本国民は一体となってあらゆる犠牲をはらっても、真の平和を得るため問題の解決を計ろうと決心している。最近の選挙で政友会が圧倒的に支持されたのも、この国民の要望を示している……。」

リットン一行は、東京での行事を終えると、八日京都に赴き、三月十一日、神戸からプレジデント・アダムズ号で、まだ硝煙の消えやらぬ上海に向けて出帆した。

あとがき

かねて「満州国」について書きたいと思っていたが果たせず、その前史ともいうべき一九三一年の満州事変と翌三二年の上海事変について、一応とりまとめてみたのが本書である。時代的には前著『日中外交史——北伐の時代』（塙新書）と『日中戦争』（中公新書）の中間に位置する。

本書の対象とした満州事変、上海事変という二つの戦争は、それぞれ違った性格をもっている。東北地方における戦争は、中国北洋軍閥時代の軍閥戦の性格を多分にもち、上海戦は新しい民族的抵抗戦のタイプをつくりあげた。日本軍が比較的些少な損害で東北の広大な地域をとにかく支配したのは、張学良軍閥の自己保存への打算と、学良配下の小軍閥の裏切りが一因となっている。蒋介石国民政府についても同じことがいえよう。日本の侵略に対し軍閥的発想が優先されたのである。これに反し上海戦では、内部における矛盾はとにかく、民族的抵抗という型が局地的にではあるが形成された。日本軍が多大の損害を受け、撤退を余儀なくされたのは、基本的にはこの中国の新しい抵抗戦のためとみられる。

五年後、一九三七年蘆溝橋事件が勃発したとき、事件が拡大した場合の中国の抵抗が、いわば満州事変タイプをとるか、または上海事変タイプとなるか、この判断が全面戦争展開への大きな分岐点となった。軍をふくめて日本の支配層は、いわゆる一撃論をとったが、それは満州事変タイプの戦争を予想し、かつ期待したためとみられる。しかし現実はむしろ上海戦タイプの戦争となり、日本は東北地方をふくめて、中国から全面撤退するという敗北を経験しなければならなかった。この二つの戦争論はもとより試論の段階を出ない。東北地方における中国の抵抗をどのように認識するかのキイポイントについて本書の叙述は稀薄であり、教示を受けたいと願っている。

本書を執筆するにあたり、著者の親しい先輩、知人の研究を参照させていただいたが、当時の未公刊史料を駆使しての労作にあらためて敬意を表した次第である。ただ、軍事史料について、つねに的確な教示を受けていた稲葉正夫氏が昨秋急逝され、その謦咳《けいがい》に接することができなくなったのは、著者のもっとも遺憾とするところである。

現在外交史料館では、栗原健博士を中心に満州事変関係外交文書の編纂が進んでいるが、これら外交文書が公刊されるときには、より緻密な研究が推進されるであろうと期待される。

最後になったが、外交史料館、戦史室の方々、ならびに九州大学の関係諸氏の変わらぬ御厚誼を感謝したい。またクローリー（J. Crowley）、ニッシュ（I. Nish）両教授が著者のニューヘイブン、ロンドン滞在中に寄せられたご厚意は忘れがたいものがある。記して謝意の一端を表したい。

一九七四年十一月

著者

史料・参考文献

『満州事変』現代史資料　7　一九六四年
『続・満州事変』〃　11　一九六六年
『太平洋戦争への道』別巻・資料篇　一九六三年
Foreign Relations of the United States, 1931, vol.III., Japan, 1931-1941, I.
Documents on British Foreign Policy, 1919-1939, second series, vols, VIII, IX, X.
『中日外交史料叢編』（一―五）中華民国外交問題研究会編
『革命文献』第三五輯・三六輯　羅家倫編　民国五四年（一九六五年）
未公刊史料としては、外務省、防衛研修所戦史室、アメリカ国務省所蔵文書、およびスチムソン(H. L. Stimson) 日記などを使用した。
『満州事変作戦経過の概要』参謀本部編
『国際連盟に於ける日支問題議事録』国際連盟事務局東京支局編　一九三二年
『満州青年連盟史』同刊行委員会編　一九三三年
『上海事変』上海日報社編　一九三二年
『本庄日記』本庄繁　一九六七年
『陰謀・暗殺・軍刀』森島守人　一九五〇年
『わが半生』（下）愛新覚羅溥儀　一九六五年
『西園寺公と政局』2　原田熊雄述　一九五〇年
『太平洋戦争への道』1・2　日本国際政治学会編　一九六二―六三年

『満州事変』「近代の戦争」4　島田俊彦　一九六六年
『満州事変と政策の形成過程』緒方貞子　一九六六年
『太平洋戦争史』1「満州事変」歴史学研究会編　一九七三年
『満州事変』日本国際政治学会編　一九七〇年
『国際連盟と日本』海野芳郎　一九七二年
『満州事変』「日本外交史」18　馬場明　鹿島平和研究所　一九七三年
Lee, E. Bing-Shuey, Two years of the Japan-China Undeclared War and the Attitude of the Powers（1933）
Rappaport, A., Henry L. Stimson and Japan, 1931-1933（1963）
Smith, S. R., The Manchurian Crisis, 1931-1932（1948）
Thorne, C., The Limits of Foreign Policy（1972）
Willoughby, N. W., The Sino-Japanese Controversy and the League of Nations（1935）

本書の原本は、一九七四年に中公新書として刊行されました。

地名は原則として当時の呼称を使用しております。

本文中の引用部分に、「盲目的」「支那」「鮮人」「外人」という、現在では使用するに適当ではない単語が使われております。これらにつきましては当時の時代背景を表すものとして、歴史的事情を鑑み、原文のまま掲載しております。読者の皆様におかれましては、ご理解のうえお読みいただきますよう、お願いを申し上げます。

臼井勝美（うすい　かつみ）

1924年栃木県生まれ。京都大学文学部史学科卒業。専攻は日本近代史。外務省勤務ののち電気通信大学助教授，九州大学助教授，筑波大学教授などを経て現在，筑波大学名誉教授。著書に『日本と中国——大正時代』『日中外交史——北伐の時代』『日中戦争』『満州国と国際連盟』など。

講談社学術文庫

定価はカバーに表示してあります。

満州事変《まんしゅうじへん》　戦争《せんそう》と外交《がいこう》と

臼井勝美《うすいかつみ》

2020年９月９日　第１刷発行

発行者　渡瀬昌彦

発行所　株式会社講談社

東京都文京区音羽 2-12-21 〒112-8001

電話　編集（03）5395-3512

販売（03）5395-4415

業務（03）5395-3615

装　幀　蟹江征治

印　刷　株式会社廣済堂

製　本　株式会社国宝社

本文データ制作　講談社デジタル製作

ISBN978-4-06-520923-3

「講談社学術文庫」の刊行に当たって

これは、学術をポケットに入れることをモットーとして生まれた文庫である。学術は少年の心を養い、成年の心を満たす。その学術がポケットにはいる形で、万人のものになることは、生涯教育をうたう現代の理想である。

こうした考え方は、学術を巨大な城のように見る世間の常識に反するかもしれない。また、一部の人たちからは、学術の権威をおとすものと非難されるかもしれない。しかし、それはいずれも学術の新しい在り方を解しないものといわざるをえない。

学術は、まず魔術への挑戦から始まった。やがて、いわゆる常識をつぎつぎに改めていった。学術の権威は、幾百年、幾千年にわたる、苦しい戦いの成果である。こうしてきずきあげられた城が、一見して近づきがたいものにうつるのは、そのためである。しかし、学術の権威を、その形の上だけで判断してはならない。その生成のあとをかえりみれば、その根は常に人々の生活の中にあった。学術が大きな力たりうるのはそのためであって、生活をはなれた学術は、どこにもない。

開かれた社会といわれる現代にとって、これはまったく自明である。生活と学術との間に、もし距離があるとすれば、何をおいてもこれを埋めねばならない。もしこの距離が形の上の迷信からきているとすれば、その迷信をうち破らねばならぬ。

学術文庫は、内外の迷信を打破し、学術のために新しい天地をひらく意図をもって生まれた。文庫という小さい形と、学術という壮大な城とが、完全に両立するためには、なおいくらかの時を必要とするであろう。しかし、学術をポケットにした社会が、人間の生活にとってより豊かな社会であることは、たしかである。そうした社会の実現のために、文庫の世界に新しいジャンルを加えることができれば幸いである。

一九七六年六月

野間省一

佐藤弘夫著
「神国」日本 記紀から中世、そしてナショナリズムへ

「神国」思想は、日本の優越性を表すものでも、排他的なものでもなかった。神国思想の形成過程と論理構造を解読し、近世・近代への変遷を追う千年の精神史。既成概念を鮮やかに覆す思想史研究の意欲的な挑戦！

2510

井上寿一著
日中戦争 前線と銃後

意図せずして戦端が開かれ、際限なく拡大する戦争。そこに労働者も農民も地位向上の希望を賭け、兵士は国家改造の夢を託す。そして国民の熱狂は大政翼賛会を生み出した。多彩な史料で描く戦時下日本の実像。

2518

神田千里著
島原の乱 キリシタン信仰と武装蜂起

関ヶ原合戦から約四十年、幕府を震撼させた大蜂起はなぜ、いかにして起きたか。「抵抗」「殉教」の論理だけでは説明できない核心は何か。壮絶な宗教一揆の実相を描き出し、歴史的意味を深く問う決定的論考。

2522

坊城俊良著（解説・原武史）
宮中五十年

著者は伯爵家に生まれ、明治三五年、宮中に召し出された。一〇歳の少年が間近に接した明治天皇は、厳しく几帳面ながら優しい思いやりを見せる。大帝崩御の後も昭憲皇太后、貞明皇后らに仕えた半世紀の回想。

2527

秋山　聰著
聖遺物崇敬の心性史 西洋中世の聖性と造形

中世ヨーロッパのキリスト教社会で、「聖遺物」は熱狂を巻き起こした。聖遺物は神の力を媒介するメディアであった。民衆も聖職者も殺到した聖なる容器、聖なる見世物が、やがて芸術へと昇華する過程も描く。

2528

ジョン万次郎述／河田小龍記／谷村鯛夢訳／北代淳二監修
漂巽紀畧《ひょうそんきりゃく》 全現代語訳

土佐の若き漁師がアメリカに渡り「西洋近代」と出会った。鉄道、建築、戦争、経済、教育、民主主義……幕末維新に大きな影響を与えた「ジョン・マン」の奇跡的な記録。信頼性が高い写本を完全現代語訳に。

2536

君が代の歴史

山田孝雄著（解説・鈴木健一）

古今和歌集にあったよみ人しらずの「あの歌」は、いかにして国歌になったのか、種々の史料から和歌としてのなりたちと楽曲としての沿革の両面でたどる。「最後の国学者」が戦後十年を経て遺した真摯な追跡。

2540

潜伏キリシタン　江戸時代の禁教政策と民衆

大橋幸泰著

近世では一部のキリシタンは模範的な百姓として許容され、本当の悲劇は、近代の解放後に起こった。近世の宗教弾圧を検証し、「隠れ切支丹」の虚像を覆す。大浦天主堂の「信徒発見の奇跡」は何を物語るのか。

2546

元号通覧

森　鷗外著（解説・猪瀬直樹）

一三〇〇年分の元号が一望できる！　文豪森鷗外、最晩年の考証の精華『元号考』を改題文庫化。「大化」から「大正」に至る元号の典拠や不採用の候補、改元の理由まで、その奥深さを存分に堪能できる一冊。

2554

本能寺の変

藤田達生著

なぜ明智光秀は信長を殺したか。信長は何と戦い、何に負けたのか。戦国時代とは、室町幕府とは、日本の中世・近世とは何か。史料を丹念に読み解くことで、日本史上最大の政変の深層を探り、核心を衝く！

2556

満鉄全史　「国策会社」の全貌

加藤聖文著

一企業でありながら「陽に鉄道経営の仮面を装い、陰に百般の施設を実行する」実質的な国家機関として大陸に君臨した南満洲鉄道株式会社の誕生から消滅まで。年表、首脳陣人事一覧、会社組織一覧付き。

2572

戦国時代

永原慶二著（解説・本郷和人）

大名はいかに戦ったか。民衆はいかに生き抜いたか。そして日本はいかに変容したか。戦後日本史学の巨人が戦国時代の全体像を描き出した決定的論考。戦乱の実像と時代の動因を、明晰かつ生き生きと描く名著！

2573